現代民主政治と自治

―地域住民自治による地域運営のデザイン―

荒木昭次郎 著

成文堂

プロローグ～無力化する現代民主政治に活力を与えるためのアプローチ～

近年、縮小社会化とか人口減少化とかいう用語が飛び交い、あたかも未来社会が衰退の道をたどっていくかのような評論が多く見られるようになってきた。確かに、これまでの考え方や手法で社会をみていくだけならば、そのように指摘される面があってもおかしくはない。しかし、それではあまりにも消極的で後ろ向きの論及になってしまうのではないだろうか。ここではそうではなく、もっと前向きの将来展望もあるのではないかと考え、その起点を地域自治のあり様に求めて論じていくことにした。

ここでは最初に、自治の原点を追求しつつ、地域活性化のための多様な側面ないしは要素ともいうべき点を取り上げ、自治の充実強化のための道筋を考えていく。つまりは、地域社会の自治が有効に機能する条件としてはどういうことが考えられるかを基礎に、多角的な検討を加えてみるということだ。そして、それには、どのような条件や要素が整えば自治機能が豊かなものになっていくかを析出しながら、その内容を論理実証的に述べていきたい。

たとえば、自治の花が豊かに美しく咲き誇るためには何が必要かという条件を取り上げてみよう。自治が有効に機能する条件としては器としての問題である地域社会の空間的規模（面積の広狭）や人口規模の問題があり、また、自治が有効に機能するためには「自治の滋養」となる人口密度の濃淡や良好な人間関係の有無（適切な相互依存と相互補完の作用）の問題、さらには、自治資源としての要素となる人々の自主自律性の度合いとその能力発揮・技能・価値観・文化や経済力などの問題などがある。ここでは、それらが考察の対象になるゆえ、可能な限りそれらの要素についても論じていく。

そこで、本書ではそれらの検討を出発点にして、自治が充実し、地域社会が豊かになっていくためには何が必要で、どのように住民自治を充実強化していかなければならないかについて、論点を整理し体系的に論じていきたい。

具体的な喩えで言えば、鉢植えの花が美しく咲くかどうかは毎日の水遣りをはじめ、気温、湿度、土壌栄養を管理し、それらが開花に無駄なく行き届くように手入れを行っていかなければならない。それと同様に、地域自治の充実強化も地域の人々の手によって培われていくがゆえに、鉢植えのようにして育成された地域の住民自治力により地域社会が豊かになっていくように運営していかなければならないということである。

そのように考えると、地域自治の充実・強化は住民自治がどのように育成され発揮されるかが重要な鍵になるようだ。

本書はそのような問題意識と方法で論じていこうと考えている。従来、この領域へのアプローチは制度論的、管理論的な接近が主流であって、しかもその内容は垂直的で上からの目線による国家運営中心主義で論じられており、地域自治を中心に横・横の水平的な目線で論じてきたものではなかった。ここでは前者の論じ方ないし考え方で進めた場合、自治はどのように充実強化されていくのか、その限界や問題点は奈辺にあるのかという視点から問題を提起し、これからの地域自治の歩むべき姿を横・横原理に基づく「地域住民自治による地域運営」の方向から論じていこうと考えた次第である。

筆者の自治行政研究は前回の東京オリンピックが開催された1964年から始まっている。それから半世紀以上経って東京2020オリンピックが開催されることになり、国も地方もオリンピック開催に向けて施設整備などに邁進している。これには大きなコストが掛かるのだが、その費用負担を巡っては関係自治体に困惑の面も見られる。自治体はある程度は当然負担すべき面もあるけれども、そうした費用負担が地域の住民生活に影響を与えるとすれば、その誘致には自治行政として問題があるのではないかとも指摘されている。

過去にオリンピック誘致を巡り、フランスでもアメリカ合衆国でもコスト負担のあり方や自然環境保護の視点からその開催の返上をした自治体もあった。この勇気が日本の自治体にもあるだろうか。中央集権国家とも言われるフランスにおいてさえ広域行政や市町村合併を強力に進めることができない。その理由としては「個人主義の浸透」と「権力を市民の手に」という伝統がある。それには市民生活の中に自治分権主義が横たわっているからである。

フランスには日本の市町村に該当するコミューンの数が3万8千近くあり、その一つ一つの規模は人口面でも面積面でも日本より小さい。アメリカ合衆国の場合も同様で、コミュニティ住民の意思表明から自治体が創設されていくという伝統がある。このことから考えると、百年以上にわたる日本の地方（自治）制度の有り様と住民の自治意識や自治活動を振り返り、これからの自治行政のあるべき姿を追い求めていくことにも一定の価値があるといえるのではないだろうか。本書はそのような想いから叙述したものである。読者のご叱正をいただければ幸甚である。

なお、本書の大枠は二〇一四年度日本地方自治学会・研究大会において筆者が記念講演した「協働と地方自治―自治の担い手の視点から―」日本地方自治学会編〈地方自治叢書28〉敬文堂（二〇一七年）に基づいていることを断っておきたい。

東京2020オリンピック開催予定年

著者

目次

目　次

◆◆第1章◆◆

自治をめぐる基本論理

1. 自治に関する字義の論理的な内容

自治をめぐる論議として最初に取り上げられるのは「自治」とはなにかについての字義上の定義づけである。こんにちの日本語として「自治」には、一つは「自ら（みずから）治める」という意味と、二つには「自ずから（おのずから）治まる」という意味がある。

前者には、自ら考え、その考えに基づいて自ら行動し、その行動結果には自ら責任をとる、という意味が内包されており、個々人の自主自律性に基づく自治をもって字義的内容としている。

それに対して後者の場合は、自らが考えて行動するというよりも、時間が経過すれば自然と問題は解決されて治まっていく、あるいは解決されなくとも次の新たな問題の出現によって当初の問題が新たな問題に吸収され、新しい問題の処理によってあたかも当初の問題は解決されたかのようになる、つまり、雨降って地固まるという言葉で表現されるように、時間概念を内包した要素の働きによって治まっていくという字義的内容になっているのである。

このような「自治」に関する字義的内容は、人々の社会的な生活実態を反映して意味づけされているると受け止めてもよく、そうした社会生活の実態を受容しなくては地域自治の意味づけはできないのではないかと思われる。そのような捉え方をすれば、人々の地域社会における自治生活はどのように営まれているのか、ということが気になってくる。

ここではとくに、「社会」とはどういうことかを理解し納得しておくことが生活実態を反映した意味づけの前提になると考えられるので、その点について若干触れておくとしよう。

一般に「社会」とは何かと問われた場合、人と人との関係作用をもって「社会」という、といわれる。このことから考えると、社会とは二人以上の、二主体以上の関係作用をもって社会の概念を構成しているということができる。これを社会の実態に照らしてみると、人々にとってもっとも身近な社会という感覚は先ずもって家庭というところで醸成されていく。続いて、向こう三軒両隣、近隣住区、小学校区、中学校区というように、人間関係の作用が地域社会の広まりに応じてその自治感覚も意識化され、身についていくといってよいだろう。

そうした地域社会における単位地区の社会生活は、一人ひとりの顔が見えるつながりでもって住民自治主導で運営されているといっても過言ではない。

わが国ではそうした単位は歴史的に「組」「集落」「校区」「行政区」「村・町・市」というような空間的広さの段階に応じて呼ばれ、各単位の自治が営まれてきた。そして、「校区」レベルまでは「住民自治協議会」のような方式を打ち立てながら地域社会としての生活運営を自治的に執り行ってきたのである。

近年、異常気象や地震などの発生により全国各地に様々な災害が発生している。その復旧・復興活動の実態をみていると、地区においては住民自治協議会を立ち上げて自主自律的に取り組んでいる姿がみられる。そして、その活動から得られる成果は「公助」よりも横・横原理に基づく「共助」による方が社会的効用は大きいとも指摘されている。

これこそがわが国における一つの伝統的な地域住民による地域社会運営の姿である、といえるのではないか。そこで次に、その姿をみていくとしよう。

2. 暮らし方を反映した地域自治の姿とその論理

日本では農村社会の生活文化として、当該地域社会の構成員の意向によって目標を設定し、その目標の達成成果を互いに分かち合うという伝統がある。そこでは、個々人が得意とする能力や技能とその相違性や異質性を互いに尊重して結集し、お互いが力を合わせて地域社会のあり様に目配りしつつ、角の立たない豊かな地域社会の運営を期待する、といった伝統的な地域社会における暮らし方の文化がある。それが日本独自の地域社会における自治的運営の姿にもなってきたと考えられる。

では、そうした文化はどのような背景から生まれ発展してきたのであろうか。ここではその点を、一つは農を生業とする地域の生活文化から、二つは国が推し進めてきた市町村合併策と高度経済成長政策に伴う都市化によってもたらされてきた地域自治衰退現象から、三つは二を反面教師とした、わが国の伝統的な地域自治生活を取り戻すための活動現象から、瞥見していくとしよう。

(1) 農を生業とする地域の生活文化

今日でこそわが国は、先進産業国家と呼ばれるが、つい半世紀ほど前までは第一次産業を中心としての農林業と漁業が支配する、いわば農漁村社会であった。その農村社会で生成されてきた生活文化こそが、わが国の伝統的な地域生活の文化を形成してきたといってもよいだろう。ここではその文化がどのようにして創出されてきたかを「棚田文化」を通して見ていくとしよう。

日本の国土面積は37万平方キロといわれ、そのうちの68％が中山間地域であるとされている。その地域に日本の総人口１億２８００万人の約20％が生活している。つまり、総人口の80％に当たる一億人以上は中山間地域以外の都市部地域に居住していることになる（２０１５年現在）。この統計によれば、ほゞ、実態の傾向を示すものと受け止めてもよいであろう（内田満『都市デモクラシー』（中公新書、２０００年）参照）[1]。

一般に、中山間地域は第一次産業の農林業地域であり、平坦部は第一次産業以外の高次産業が立地する都市部地域であると見られてきた。現在、両者の面積比は前者が約七割、後者が約三割であるのに対し、居住人口は逆に前者の農村部に二割、後者の都市部に八割の分布となっている（荒木昭次郎『連帯と共助が生み出す協治の世界』（敬文堂、２０１９年）参照）[2]。

しかし、１９５０年ごろまでの国勢調査では農村部の人口が多く、都市部と農村部の人口とが五分五分になったのは１９５５年ごろであった。この時点までの中山間地には多くの段々畑の「棚田」があり、そこでは農を生業とする「棚田文化」が農村部における人々の生活文化として定着していたのである。

では、その「棚田文化」とはいったい、どのような生活文化であったのであろうか。熊本県山都町の例でみていくとしよう。

「棚田」とは里山の尾根伝いに農業用水路としての「井手」を河川上流から引き込み、高いところから低いところへと連なる段々の「水田」にその水を落としこんでいく棚状態の「田んぼ」のことである。つまり、「井手」から一番高いところの棚田に農業用水を送り込み、最上段の「田んぼ」が必要な水量でいっぱいになると、次段の棚の水田に水が落ちていく仕掛けである。これが中山間地に見られる棚田営法で、低い棚の「田んぼ」にまで必要な水を流し込みながら田植えを行い、米を収穫していく農法がとられてきた。こうした「棚田農法」は地域社会の生活文化を映し出すとともに、それが地域自治のあり様にも深く関係してくると思われるので、その点について一瞥しておく。

中山間地の農村社会は里山沿いの農村集落から形成されている。その農村集落は里山の尾根沿いに農業用水路たる「井手」をつくり、それを自ら維持補修しながら棚田農業に勤しんでいる。そうした「井手づくり」やその維持補修と管理は棚田農業に従事している集落の人々によってなされていて、さらには田植え作業、草取り作業、稲刈り作業、籾摺り作業なども集落の共同作業としてなされてきたのであった。そして、そのための費用負担や労力提供やルールづくりなどについては、集落住民が地区集会所に集まって協議し、決定し、それに従って集落の人々が力を合わせて営農していくという、集落の自治機能をも発揮してきているのである。

このようにして「棚田文化」と「地域自治」とが融合していくことにより、中山間地における農村社会の自治文化を生み出してきたのであった。農村集落におけるこのような文化は歴史的に古くから形成されてきており、冠婚葬祭をはじめとして、日常生活でもお互いに依存しあい補完しあう濃密な人間関係作用の社会生活様式を農村集落社会は形づくってきたのであった。

それに対し、人々が一定地域に定住せず、短期間に移動する都市化社会にあってはそうした人間関係も希薄化し、人々が日常生活において相互依存しあったり相互補完しあったりするという社会性は乏しくなってきたといわれる。しかし「棚田百選」に選ばれるような棚田のある中山間地域の集落では、現在でも月に一度は「地区での寄り合い」方式や「地区集会」方式の「地域自治協議会」が開かれており、そこでは通常、地域が直面している問題の処理や地区行事のあり様について自主自律的に話し合いながら地域運営をしていくという自治文化が定着しているのである。

1970年以前においてはこの協議会への出席者は男性中心の世帯主が圧倒的に多かったが、最近では女性の出席者も増えてきており、協議内容も単一集落の範囲を超えた地区ないし旧小学校区のような、より広範な地域にまたがる問題や地域産物を素材としたお料理教室など、豊かな内容にわたり自治的に話し合う傾向へと変わりつつある。かくして中山間地では新たな装いのもとに地域自治が息吹きつつあるのだ。

(2) 都市化を促した政策と地域自治の衰退現象

一般に、社会の進歩発展にともない地域自治の状態も大きく変化してきたと論じられている。そうだとすれば、社会の進歩発展がどのようにして、かつ、何によってもたらされてきたかを見抜いておく必要があろう。この点、内外の多くの研究者は「都市化」(urbanization) という社会現象に伴い、社会の状態も自治状態も変化してきたと指摘しているようである。

どういうことかといえば、「都市化」は農村部から都市部への人口移動をはじめ、都市的な市街地連担地域が広まっていき、他者に依存しなければ生活できないという都市的生活様式が普及し浸透していく「プロセスの社会」として、その特長が挙げられてきた。それにも拘らず、都市化現象に伴って人と人の相互関係作用は希薄化し、地域自治の脆弱化を招いていると指摘する。つまり、一方で人と人との相互関係作用の必要性を説きながら、他方でその作用が弱体化するという、逆比例的な現象が進行する社会でもあったようである。

こうした逆比例現象は一般に、一次産業から高次産業化へと短期間に強力な経済成長政策を推進したことによりもたらされる、といわれている。つまり、農村部から都市部への人口移動を皮切りに、都市人口の急増、都市的地域の拡大、都市的生活様式の普及、といった都市社会への急激な変化に人々が馴化できなかったからでもある。その反面、人々はそうした政策の恩恵として所得の増大、高学歴化、都市的生活様式の普及など恩恵を享受してきたのであったが、こうした都市化現象の谷間で、人間関係の希薄化、自治意識の後退、中山間地域の人口減少や高齢化という負の側面を背負いながら中山間地の地域衰退を促してきたというわけである。

これらの指摘はステレオタイプ化したものであるが、一般的に首肯されるところでもある。ただ、わが国の場合、もう一つの重要な点が抜け落ちている。それは上からの目線による地方制度改革としての市町村合併政策によるもので、地方制度制定時の明治21年から平成時代までの長い期間にわたりそれが国家政策として推進されてきたという点である。それは反面、合併の影響をうけた地域社会において「住民自治が定着しにくくなる状態が長く続いてきた」ということでもある。

この点、諸外国ではあまり見られない現象でもあるが、そうした施策の結果、一つは町や村を合併させて都市にしたことにより、いわゆる「制度的」に都市人口を増加させ、都市部地域の面積を広めた反面、一般に都市的生活様式への順化が遅れてきたということでもある。

いま一つは、町村合併により町や村といった基礎自治体数と中山間地域の人口が制度的に減少するとともに高齢化していき、そのことにより地域生活様式にも変化を生ぜしめて地域の互助活動が減退していく一方、他方で人口流入を招いた都市部地域では新旧住民同士の交流が少なくなって地域住民自治を後退させていった、と指摘される点である。それらのことにより、地域住民自治が行政依存型自治に陥り、人々の自主自律性の発揮が地域生活においても弱くなってしまい、その分、行政に依存する傾向を助長してきたのであった。

(3) 行政依存型自治からの脱却をめざす新たな地域住民活動の台頭

自分たちで創造してきた自主自律性に基づく地域社会の住民自治が都市化現象に伴って弱体化した分、行政の役割機能を増大化させてきたと述べたが、その傾向は今後も続いていくであろうか。この点につき、わが国の地域社会の様相をみていくと、国が進めた経済政策や合併政策の影響を受けながらも、以下のような契機により地域自治にも段階的な変化がみられるようになってきたということができる。

第一は、二次大戦終了後の10年ほどの間に、社会変化を促す、どのような出来事があったかという点である。一つは戦地からの復員や疎開先からの復帰によって一時的には中山間地も地方都市も人口が増えたが、その人たちも生活していくための経済基盤となる「稼ぎ場」がないため、新しい職場をもとめて都市部地域へ流出していった。そのことが農村部の人口を増やさずに都市部の人口を増やすことになり、農村部と都市部の人口の割合をほぼ半々にさせていく一つの要因ともなったのである。いま一つは終戦後の民主化政策の一環として新憲法の制定による地方自治の保障規定と新たな地方自治制度の制定とが地域住民をして自主自律性の発揮を促し、従来の「お上意識」に従う精神状態からの脱却を図るように変わっていったことが挙げられる。

第二は、時限立法とはいえ、昭和28年から31年にかけての町村合併促進法が制定され、当時、多くの基礎的自治体であった町村が合併して町村の数を減らす一方、他方で、個々の基礎的自治体の面積規模を拡張させていったことが挙げられる。この点、町村合併は町村の自主性を尊重しているものであり、上からの目線によるものではないという意見もあるが、しかし、合併すれば財政的援助をする、合併しなければ援助しないという合併指導がなされた場合、それをどうみるかである。平成合併において見られた福島県矢祭町の、そうした合併指導に対する拒否をどうみるかであろう。これは見方をかえれば、基礎自治体の自主自律性の発揮を「上からの目線で閉ざす」指導になったのではないかと思われる。

それに対し、乳児死亡率全国一位であった岩手県沢内村（現西和賀町）がアイディアと智慧で新しい村長の下、村民と役場職員と大学病院との連携によって僅か一年後には乳児死亡率ゼロを達成するという、雪深い寒村の力強い自治力の発揮も見られた。これは、地域で一人ひとりの顔がみえるところの「つながりの力」による、わが国の中山間地における地域自治力発揮の見本ともなる例であって、自主自律的に地域課題に取り組む、複数主体間の水平的な協力連携活動が実った自治発揮の姿でもあった（菊地武雄『自分たちで生命を守った村』（岩波新書、１９６８年版）参照）(3)。

第三は、わが国における基礎的自治体の合併政策は地方制度が制定された明治21年より今日まで展開されてきたが、その中で、昭和28年から同31年にわたる時限立法以降も合併促進特例法にもとづき基礎（的）自治体の合併が平成時代まで続けられてきたのであった。

その結果、基礎自治体は行政の白地区域を生み出さずに自治体としての自治行政の運営を落ち着いて執り行なうことができたであろうか、また、地域の住民自治の充実・強化を図っていくことができたであろうか。これらのことについてももっと深く議論すべきではなかったかという問題を残してきたのだ。

第四は、国を挙げてさまざまな経済政策を展開してきた結果、人々の生活に多大な恩恵をもたらしてきたが、それは反面、各地に環境破壊や公害現象を発生させてもきた。とくに、昭和30年代から40年代にかけ、水俣病をはじめ、川崎、四日市、富山、新潟などの各地で公害が発生し、その解決に向けての対応は今日でも続いている。これらの問題発生をキッカケにして、環境悪化に対する市民意識の高まりや生活環境を守るべく住民運動が各地で継起し、それらは国、都道府県、市町村といった各政策主体レベルに対し政策的対応を迫っていったのであった。こうした地域住民の意識向上と市民運動化は全国に「革新自治体」を登場させ、その最盛期には大都市をはじめ、わが国総人口の三割から四割近くに当たる地方で革新地方自治体（の首長）を誕生させたのであった。

かくして、地域住民が良好な自然環境やより良い人間関係環境の地域社会を求める人々の意識と行動は、このようなかたちで革新自治体を生み出し、その後の地方自治体の政策過程にも強いインパクトを与えていくことになったのである。

第五は、昭和30年代後半から40年代にかけ、上に述べたような市民社会の変化が、その後の地方自治体レベルはもとより国レベルの政策対応にも影響を与えていくことになった点である。それは即ち、公害基本法をはじめとした、環境整備を中心とする法整備が進められていったことにみられる。

また、当時、地方自治体レベルでは政策づくりの行政組織も殆んど用意されていなく、国が立案した政策内容を、国の指導助言と財政的援助により当該地区に関わる部分を当該地区の政策とし、まるで国の下請け業者のようにして政策業務を執り行ってきたのであった。つまり、地方自治体レベルで政策づくりを担う行政組織としては「企画課・部」とか「政策企画課・部」という政策形成機能を果たす名称の組織が必要であったが、それが編成されだしたのは大部分、昭和45年以降のことである。だから、地方自治体が政策主体としての機能を実質的に発揮し始めたのは昭和45（1970）年以降といってよい。

というのも、昭和44年に地方自治法が改正され、地方自治体は自自治体の基本構想、基本計画、実施計画を策定し、それに沿って効率的・効果的に自治行政を執行していかなければならないとしたからで、これ以降において基礎自治体は、政策機能を果たす行政組織を編成しはじめたのであった。それを受けて、地方自治体はそうした総合計画を策定するために地方自治法に基づく審議会を設け、市民の意見や各種団体の声をまとめて構想化し、それを反映させて政策を形成していく主体になったのである。

第六は、経済の発展に伴って人々の生活行動圏域が広まっていくとともに経済活動も行政区域をはるかに超えて展開されるようになった。そうした活動の広域化に合わせた行政の対応として「広域市町村圏構想」が提唱された。また、都道府県域を超えたニーズにも対応できるように、いくつかの府県を纏めて「地方圏」構想を打ち出すなど、主として経済活動にあわせた行政活動圏域の設定が国の政策として展開され出したのである。この方向は府県合併まではいたらなかったが、しかし、市町村合併はその後、平成合併に見られたように延々と続いてきたのであった。問題は市町村の規模拡大と地域住民自治の関係である。この点の検討がどの程度なされてきたか疑問なしとしないのである。

世界的にみて、また、歴史的にみて、多くの政治・行政研究者がこの問題に取り組んできた。そして、政体規模と自治の問題については未だ課題は残っているものの、一応、バランスの取れた両者のあり方を論じた成果もみられるようになってきた。そのなかで政治社会学的に主張された内容は、人々の自主自律性が直接的に発揮可能な範囲を確保できる規模（人口と面積）こそが自治（体）規模として最適ではないか、ということであった。(4)

わが国で合併や広域行政を論じる際には、行政の効率性だけを追求するのではなく、このような地域自治力の充実・強化に関する議論がもっと深くなされる必要があると思うのは筆者だけであろうか。

3. 里山民主主義と自治の関係

中山間地で暮らす人々は与えられた自然的、社会的諸条件のなかでいかにして生きていくかを、自分たちで考え、実践し、そして、生き延びる術を身につけてきた。うえに述べてきたように、地域で自主自律的に生活していく術を、地域社会の環境に見合ったかたちで考え、住民たちが協力・連携して目標をつくり、その達成のために皆で力を合わせ、心を一つにして成果を出してきたのはその何よりの証拠であろう。そして、その成果を皆で決めたルールにしたがって配分していくという姿は、住民自治による地域運営方式そのものであったといえるのではないか。

この流れを見ていくと、かつてのリンカーンの言葉「人民の、人民による、人民のための政治」という言辞を思い出す。中山間地の里山で展開される住民自治の実際状況を観察すると、それはちょうど民主主義の原点ともいわれてきたリンカーンの言葉が、わが国の里山においても集落における暮らしの実践として裏打ちされているように思えてならない。

人が生きていくためには何が必要か、だれにでも共通に必要とされるものはいったい、何であろ

「自治」とは社会的実践原理

うか。このことを考えていくと、基本としては自然環境、社会環境、文化・教育環境が人々にとっての共通している条件と思われる。

先ず、人が生きていくために基本的に必要な自然環境としては綺麗な空気、清らかな水、養分を含んだ土壌が挙げられる。くわえて、燦々と降り注ぐ太陽光や適切な気温・湿度の確保も必要とされる。これらを人が生きていくためにどのように確保していくか、それに必要な量や鮮度や滋養をいかに管理していくかなど、その地その地の状況に応じて対応していかなければならないだろう。

そうだとすれば、誰が、誰によって、誰のために、どのようにして、何処で、それらを確保したり、管理したりしていくのか、ということに突き当たる。里山で暮らす人々はそれらのことを自分たちで考え、目標を定め、協力連携して成果を出し、それらの活動のためのルールを定めて成果を分かち合うという自治を育て発揮してきたのである。また、そうした自治を育てたり発揮したりするには、相互連携協力とそれに必要な共通の知識や技能と資本とを状況に見合うかたちで用意していかなければならないだろう。この点、社会が進歩発展していくのに合わせていく必要がある（宇沢弘文『社会的共通資本』（岩波新書、２０００年）参照）[5]。

また、最近、消滅自治体とか縮減社会とか地方消滅とか縮小都市とか言う用語が流布している。これらの内容の中には、景気が良く、また、合併の影響を受けて、道路や橋とともに公共施設やリゾート観光施設などを整備してきたが、今ではそれら社会的資本を活用する人が少なくなり、その維持管理さえできなくなってきて、お荷物状態になっているという現象を指しているように思われるものもある。

景気が良いときには辺地まで通じるような立派な道路を整備してきたが、今となっては人も車も通行しない状況に陥り、それを維持管理していくための税金の投入もできなくなっているとのことのようである。

これはいったい、どういうことであろうか。そうした社会資本整備政策をつくる際、どれだけ地域住民の主体的参加とニーズが反映されたかという問題ではなかろうか。つまり、このことは、いくら車社会になったとはいえ、地域自治を担う地域住民の必要に応じ、地域住民の主体的参加によって、地域住民のためになる政策づくりであったかどうか、ということであろう。そういうことを分析せずして消滅とか縮減とか縮小とか叫ぶだけでは、現代民主政治と地方自治を充実させていくことにはならないだろう。

ここでは、自治の原点とリンカーンの言辞との関係を噛みしめつつ、豊かな地域社会へと導く地域住民自治の意向に沿った地域政策を形成していかなければならないと考える。

本章では、日本的な自治論理の実質的な誕生背景を、里山において人々が生きていくための必要不可欠の条件整備として捉え、自然環境の力をいかに上手く活かしていかなければならないか、そのために人々はいかなる智慧と技能とを身につけて発揮していかなければならないか、そして、社会人として生き抜くためにはどのように自らを律しながら互いに協力連携していかなければならないか、という点から述べてきた。

そうした自治術は中山間地の里山における農を生業とする暮らしの中から生み出されたもので、それは、自然の力を、智慧と技能の力を、そして、社会の力を借りながら、それらを生活実践に活かしていく過程から生み出されてきたものといってよいだろう。これが自治の実際的論理である。

そのことは、人々が心を一つにして、お互いに力を合わせ、協力連携し、皆のために役立つ価値を生み出していくための社会的手段であり、その働きこそが「協働型自治の原理原則」になるのではないかと考えたのである。(6)

（注１）内田　満『都市デモクラシー』（中公新書、２０００年）参照

（注２）荒木昭次郎『連帯と共助が生み出す協治の世界』（敬文堂、２０１９年）参照

（注３）菊池武雄『自分たちで生命を守った村』（岩波新書、１９６８年版）参照

（注４）この点については第３章で詳述している。

（注５）宇沢弘文『社会的共通資本』（岩波新書、２０００年）参照

（注６）協働型自治の原理原則については著者の以下の研究成果に因っている。

①「自治体の行政と市民」（年報行政研究23）所収、１９８９年

②『参加と協働』（ぎょうせい、平成２年（１９９０年））

③「自治行政にみる市民参加の発展形態」『社会福祉における市民参加』（東京大学出版会、１９９６年）所収

④『協働型自治行政の理念と実際』（敬文堂、２０１２年）

⑤「協働と地方自治―自治の担い手の視点から」（日本地方自治学会編『自治体行財政への参加と統制』（敬文堂、２０１７年））地方自治双書28所収

◆◆第2章◆◆

自治機能の有効化条件

1. 常態としての「自治機能」の社会性

「自治」とはなにかと問われた場合、それは人々の社会的な生活実態を反映して意味づけされると述べてきた。それゆえ「自治」の意味は、一人の人間の勝手な思いや行為を指すのではなく、他者との関係作用からなる社会性を常態とした思考や行為であると理解しなければならないだろう。そうだとすれば、そのように理解される「自治」が、地域社会において有効に働くためにはいったい、なにが必要条件となるだろうか、先ずはそれについて考察してみよう。

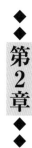

第一は前章の冒頭で述べたように、他者との関係作用が円滑に働くには互いに相手のことを良く知り、そして、理解しておくことが重要なポイントになる、ということであった。だから、ただ、見たことがあるという浅い関係よりも、会話をしたことがあるとか、ある目標達成のために協力連携したことがあるとかの、経験知を有するほうが互いに相手の得手不得手を理解できるし、馴染み度合いも深まっていくと考えられる。

要は、こうした関係が普段の日常生活においてどのような条件下であれば人々の間に一定の信頼を築き、互いにそれを保つことができるのかということであろう。その場合の条件とはおそらく、地域社会の地理的面積の広狭と、人々の定住期間の長さと、どの位の定住人口であるかということ、そして、自分たちが作ってきた「暮らしの場」であることが分かっておれば、互いの信頼関係の有無とその度合いを推し量ることも可能になるのではないかということである。

われわれの経験知からすれば、互いの関係性が濃くなるのはその意味で、相手を良く知り理解していくことが前提である。そして、親密度を深めていくのは、身近な地（知）縁で面顔する機会が日常的であるところの、集落（同業）社会（自治会・町内会・職場）における人々の関係があるからであって、それは生業を同じくし、生活のための共同性を有しているからである。だから、自然地理的特性だけは同じくしているけれども、ある程度の社会性を共有する複数の集落を囲繞し、地縁の半径が遠く離れていくと互いに面顔する機会も少なくなり、それとともに、徐々にその関係性は弱くなり親密度も薄くなっていく、というのが一般的理解となる。

第二は同心円的構造論でもって社会的自治を把握しようとする試みである。第一の捉え方は一般的な手法によるものであったが、第二では同心円の中心から外に向い、半径が短いところから長くなっていくところにしたがって人々の関係性も薄くなるという空間的規模論の捉え方である。

これを具体化してみると、個人を中心にして、その外周部は先ず、当該個人が所属する家庭での関係から始まり、その外側に向こう三軒両隣、それから順々に近隣住区、組、集落、複数集落からなる自治区、その複数からなる小学校区、複数小学校区からなる中学校区、その外側に位置するのは市町村というように、同心円の構造で描き出すことができる。

さらには、甲子園の高校野球のような場合は、地元郷里の応援として都道府県単位を一つの円として描きだす場合もある。

また、それに近い形では交通・通信手段の発達によって人々の生活行動半径の拡張化や経済活動の広域化を促すが、それらに合わせるような形で行政も圏域を設定しがちとなる。その理由づけとしては行政の効率性や効果性や経済性を強調し、それを反映した広域行政圏を構想して市町村合併政策にも結びつけ、空間規模を拡大した社会的自治の同心円を大きく描いてきたのであった。

しかしながら、広域圏設定や合併方策は、「自治」という側面から考えた場合、あるべき地域社会を構想する人々の意思や考えをどのように反映させ、どのレベルまで自治の有効性を発揮させ充実させるのか、ということについての検討が欠落していた。そのために社会的自治への配慮が必ずしも充分ではなく、等閑にされてきたとの指摘も否定できないのである。

第三は、地域で一人ひとりの顔がみえるつながりをもって社会的自治を最大化していくことの検討である。その場合の条件としてはいったい、何が考えられるかということであろう。これまでの論理からその最大値や最小値を導き出す手法を考えてみると、かつて学んだことのある二次関数の方程式 $y=2x^2-4x-1$ とか $y=-x^2-4x$ とかの最小値、最大値の導出方法を思い出す。つまり、この例ではｘ軸を人口規模とし、ｙ軸を空間規模とした場合、ｘとｙがどのような状態のとき、人々の社会性を伴う相互関係作用が活発化して社会的自治を最大化（ｚ）できるのかということである。つまり、人口規模と空間規模と社会的自治の最大化とを三次元化して捉える方式の考え方である。すなわち、ｘとｙがどういう関係状態にあるとき、ｚの最大化を導き出すことができるのか、ということ、もちろん、自治力を発揮していくために必要な要素としての、人々の能力、技法、資源なども定数ａ、ｂ、ｃとして定数化し、その平均値を定めておく必要があることはいうまでもない。

第四は、集落や「むら」「まち」の人口規模を歴史的に振り返ってみることである。なぜ、そのようなことを振り返る必要があるのかといえば、地域における人々の自治活動が社会性を帯びてきたのは、自然との対応関係において一人の人間の力ではその関係を保っていくことが難しく、そのためには集落の人たちの力の結集が不可避であったからである。そのことが、集落の人たちをして皆で力を合わせ、その力で集落を自治的に運営していくという、地域の自己統治様式を生み出してきたからであった。だから、その流れを理解するためには、集落形成の歴史を振り返ってみる必要もあると考えたのである。その点、歴史的に頻繁に取り上げられているのは、江戸末期から明治初期にかけての時代である。つまり、自然村の「むら」から行政村の「村」へ、同業者区画からなる「まち」から行政区画としての「町」へ、さらには、「小区」「大区」といった地方制度としての切り替えの歴史をみていくことで理解されるのではないだろうか。

このような歴史上の事象を観察していくと、社会的自治の最大化は歴史的にも小規模の面積と人口からなる生活共同体からスタートしていることが理解されるのではなかろうか。

第五は、自治体創設にみる社会的自治の捉え方である。これは、わが国における自治体創設の淵源が「暮らしの場」をつくりあげてきた当該地域住民の意思によるものではなく、国家の意向に基づいて進められてきたことを考えると、住民自治の面はどうなっていたかである。だが、その場合でさえ、小規模性と社会的共同性を尊重して進められてきたのはなぜか、という点が気に掛かる。

それは、米国においても同様である。１９７０年代において筆者は、アメリカ合衆国における自治体創設過程を研究するため、ロサンゼルス・カウンティにおける未法人地域（unincorporated area）の二つのコミュニティが自治体になっていく過程を追跡調査したことがある（Lancaster and La Habra Heights）[1]。この場合も、小さなコミュニティたる、面積も人口も小規模の生活共同体の住民たちが、当該コミュニティを自治体にして自分たちの力で自己統治していきたいという意思表明からスタートしていたのであった。これをみると、自治体創設は何処の国でも小規模性と社会的な生活共同体性を基礎にしていたといえるのではないだろうか。その点を自治との関連で今少しく詳しく見ていくとしよう。

2. アメリカ合衆国の自治体創設過程にみる社会的自治性(2)

アメリカ合衆国における自治体創設は、地域コミュニティにおける住民意思の表明から始まるといってよい。ふつう、アメリカ合衆国における自治体は「州の創造物」といわれるが、それは地方自治に関する規定が連邦憲法にはなく、州憲法や州の一般法に定められているからである。

50州すべてが同じ内容の規定をしているわけではないが、ほぼ類似した規定内容としては、カウンティ内の未法人地域に人々が住み始め、コミュニティをつくり、そのコミュニティを法人化して自治していきたいという意思表明者が当該コミュニティ居住者の過半数を占めた場合、そのコミュニティの「取りまとめ役」(the proponent)は、カウンティに設置されている地方自治体設置委員会(Local Agency Formation Commission = LAFCO)にその趣意の申し入れを行なう。その上で、所定の手続きを行っていくことになっているが、そのプロセスを今少しくみていくとつぎのような手順になっていた。

日本の国勢調査に該当するアメリカ合衆国のセンサスは、10年ごとに実施される。それをうけて、自治体になることを希望する未法人地域のコミュニティは、最近時におけるそのセンサス結果に基づき、法人化の要件である当該コミュニティの人口、面積、世帯数、産業構造などを確認し、自治体になるために必要なコミュニティ住民の過半数の賛意をまとめなければならない。その役割を担うのはコミュニティ・プロポネント（地域活動まとめ役）であり、カウンティ政府に設けられている地方自治体設置委員会に対し、「当該コミュニティは自治体になりたいのだ」という主旨の申し入れを行い、所定の手続きを進めていくことになっている。この手続き過程には、つぎの二つの立場と見方がある。

その一つは、「自治体は州の創造物」といわれるように州議会がカウンティ内のコミュニティに法人格を付与するかどうか、そして、当該コミュニティが自治的に運営していくことができるかどうかを判断したうえで、コミュニティを自治体として認定するかどうかの「統制機能（sub-division control）」を駆使するからである。その統制作用には、手続き規定を通してみると次のような上位政府による当該コミュニティや住民に対する権力作用の特徴がみられる（Ruth Benell, "A Guide to Procedures for City incorporations, annexations and minor boundary changes," prepared by county of L.A.

1977)[3]。

（1）自治体になることを希望するコミュニティはその人口が少なくとも500人以上であること

（2）現在提供しているカウンティ政府の行政サービス水準を自治体になっても下回らないこと

（3）個々の行政サービスのコストはそれぞれ租税主義に基づき、住民の賛成支持によるものでなければならないこと

（4）住民自治を基礎にした自治行政の効率性、効果性、経済性の3Eを確保すること

（5）自治体職員の専門性の能力向上を図ること

二つ目は、コミュニティ住民側の立場にたって州議会を説得する場合の内容である。この内容はコミュニティ毎に多様な自治力の発揮がみられ、実際の住民自治を裏付けるものとして、自助と共助の役割とその具体的活動内容を詳細に主張することによって州議会の了解を取り付けていく。その場合のポイントをみていくと以下のようになっていた。

（1）コミュニティ意識が成熟化してきたことにより、身近な政府をつくって自分たちの意志と力で目標を形成し、それを実現していきたいため

レークウッド・プランにみる自治体化(4)

契約行政方式「レークウッド・プラン」
　サブディビィジョン・コントロールへの対応として工夫された方式
　＝コミニティから法人格を取得して自治体になる場合

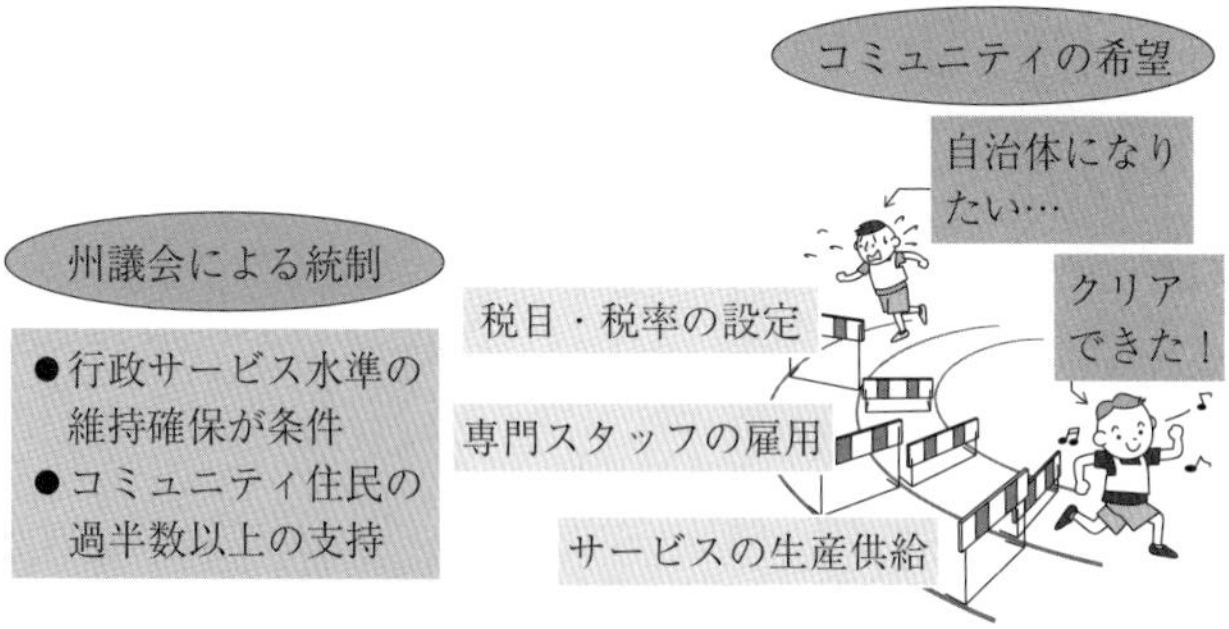

（2）受益と負担の関係をコミュニティで正当化し、住民の満足度を高めていきたいため
（3）現行カウンティ政府の行政サービス水準や範囲に満足できないため
（4）自治体化への制度的条件が整い、当該コミュニティの諸評価を高めていきたいため
（5）小さな社会の政治的価値を体現する、地域自治運営の諸資源確保に見通しがついたため

右の二つの見方は簡単に言えば、集権的統制作用と自治分権的作用の対峙を示すものであるが、住民側は自治体になることを希望し、カウンティ側はその要件を満たせば自治体になることを認めるという、原則的な内容を掲げているにすぎない。だが、問題は、カウンティの自治体としての性格と役割機

能である。そこで先ず、日本では理解しにくい「カウンティ」とはどういう性格をもつ自治体なのかについて紹介しておくとしよう。

第一は、カウンティはアメリカ合衆国の国土全体を覆っている50州の「内区分自治体」であるが、日本の市町村のような完全自治体ではなく、州の行政出先機関的な性質を有する準自治体（quasi-municipality）と呼ばれる。制度的には州憲法と州の一般法に基づき、州の行政を執行していく性格が強い。それゆえ、市民にとって身近な政府というわけにはいかない。ただ、州の一般法に規定されている範囲での「カウンティの自治基本法」（county charter）を制定し、それに基づく独自の政府機能と構造を有している。たとえば、ロサンゼルス・カウンティの場合、カウンティ区域の全有権者の公選によって、最高意思決定機関たる理事会（Board of Supervisors）の理事5名を選出する。そして、その理事会がカウンティ行政の責任者となる「行政長」（Chief Administrator）を任命し、行政長は全責任をもって行政体制を整備し、州憲法、州一般法、カウンティ・チャーター、カウンティ条例に基づいて行政を執行していくこととなっている。

第二は、カウンティ政府の行政サービスをうけるカウンティ内の未法人地域（非自治体区域）住民とカウンティ政府との関係である。ふつう、カウンティ内自治体区域の住民は自分たちで創った身近な自治体政府には強い関心を抱くが、カウンティ政府にはさほどの関心も示さない。

それに対し、非自治体区域の住民はどうかといえば、カウンティ政府から行政サービスを受けてはいるものの、そのサービスは日常生活上の基本的な事項に関するものだけであり、また、公選職を選出する場合も自治体区域有権者数よりも非自治体区域の有権者数が圧倒的に少ないが故に、非自治体区域の問題解決に対する声が十分には反映されないという理由から、非自治体区域住民もカウンティ政府のサービスを受けていながら、あまり関心を抱かないのである。

第三は、なぜ、カウンティには未法人の非自治体区域が広く存在するのかという点である。これには人々が居住していない地域が未だ広く存在することと、たとえ人が住み着いてコミュニティを形成し、カウンティ・サービスだけを享受しているところであっても、税金が安いためにインコーポレイトして自治体になることを避ける面があるということだ。カウンティ政府による行政サービスは、一つ一つの行政サービス毎に、それぞれ税金が課される仕組みになっているため、行政サービスの種類が少なければ税金の額も少なくて済む、というわけで、あえて自治体になることを選択しない傾向もあるからである。

第四は、カウンティ内にある自治体が都市として成熟し、その市街地が非自治体区域まで広がって連担している場合、非自治体区域の住民たちが自治体区域の都市と一緒になって街を形成していきたいという希望があれば、自治都市による連担地域の吸収合併ないしは自治体区域の境界変更により、「この町は自分たちで創った町なのだ」という自治性を発揮し、それをカウンティに認定させるという方法だ。この方法による自治体区域の広がりは既存大都市地域でみられる現象でもあり、このケースが都市化の拡大に伴って頻繁にみられるようになった。したがって、カウンティ政府による行政サービスの提供区域が自治体行政区域に取り込まれていくことにより、カウンティ政府の行政サービス提供区域は大都市周辺では狭くなりつつある。

第五は、カウンティ政府機能の限定性と住民の自治活動に関連した点である。つまり、自治体の政策形成過程や自治行政の執行過程に、地域の住民や住民組織をはじめ、企業組織やボランタリー組織などが積極的に関われる政治・行政システムが出来上がっていた点である。筆者がレジデンシャル・スカラーとして留学していたヴァジニア大学は、留学受け入れ条件として三点を義務づけていた。[5]その一つに、大学が立地している自治体、コミュニティ、ネーバフッドに貢献すること、ということがあった。日本の大学では地域貢献を留学者に求めることなど、あまり考えられないことだが、居住しているネーバフッドの一員として、当該ネーバフッドが当面している問題を指摘し、その解決のために居住者にできることは何か、ネーバフッド組織としては何が可能か、自治行政の取り組み計画についてはどうか、などについて意見を述べることであった。

偶々、筆者のホストファミリーがシャーロッツヴィル市の市長であり、また、筆者の専門領域が自治行政学であるということから、この留学条件はそれ自体、筆者の研究対象ともなりうる有益な条件でもあった。しかし、その地での生活経験もなく、外国人でもある筆者に対し、自治体の政治行政過程に関われるシステムを用意していたことは驚きであった。換言すれば、自治行政が地域住民の自治意識を大事にし、実質的にその意志を尊重するオープン・システムをとっていることは、日本の自治行政にとっても大いに参考になるのではないかと思われた。このときの筆者の対応担当はコミュニティ開発部（日本でなら、さしあたり企画部に相当）であったが、各ネーバフッドの問題、市域全体の問題、カウンティ政府との関係上の問題などについて率直な意見交換ができたことは社会的自治のあり様を研究する上で大いに役立った。つまり、住民自治の充実・強化の最も重要な要件としては住民の意向を尊重し、住民の手を借りながら自治行政を経済的、効率的、そして有効的に進めていくということであったのだ。

その意味では日本においても市町村行政や府県行政にあってもその担い手である職員と当該地域住民との間の心理的・物理的距離がもっと身近で密接になり、かつ、オープン・システムになっていくことが地方自治の発展につながっていくのではないかと思われた。別言すれば、地域住民の意思と資源と能力を前面に立てて自治行政を進め、それを担う自治体職員は中央政府の顔色を伺いながら仕事をするのではなく、地域住民の主体性と意向を重視する方向で自治行政を支えていくことにあるのではないか、このことが中央集権的国家のフランスにおける地方自治行政の研究や連邦制国家であるアメリカ合衆国における地方自治に関する研究から学んだ点であった。

3. 自治機能が有効に働くための条件探索

上述の検討から、自治機能が有効に働くための条件がいくつか見えてくる。第1章の自治に関する字義的意味合いと、それに加えて人々の相互関係作用という社会的実際の意味を包摂させたうえで整理してみると以下のようになる。

これまで「自治のあり様」を、社会的自治の生成を歴史的に見る立場、地域住民の共同生活の立場、自治行政の補完の立場、中央政府による地方制度変革の立場、経済社会の変動における住民自治の充実を目指す立場、米国の自治体創設における自治発揮の立場など、から述べてきた。それらに通底している点には、これまで社会学が追究してきた「コミュニティの概念構成要素」である「地域性」と「共同性」が共通して横たわっていたといってよい。

コミュニティに関しては国内外の多くの研究者が取り組んできた。その代表格はマッキーヴァーやテンニースなどであるが、日本では磯村英一をはじめ、奥田道大、倉沢進、中村八郎、松原治郎、鈴木広などの都市社会学者らがいる。

筆者は1970年代、（現公益財団法人）日本都市センターにおける調査研究事業の一環として「都市化地域における住民の自治意識の調査研究」に従事した。一緒に取り組んだ研究者は、政治学者の内田満、福寿幸男、社会学者の曽良中清司、倉沢進、中村八郎などであり、人口流出入の激しい地域を調査対象として、東京の多摩地区、千葉県の柏・松戸、大阪の豊中・池田など、団地が進出した地域の新旧住民を対象にした自治意識変容の調査であった[6]。

これらの実態調査では、中山間地の自治運営に類似した在来住民の居住地における自治の姿と、新来住民が集合した団地住民による新たな自治の姿と、時間的要素を加味していくことにより在来・新来住民の交流が進み、より広範な地域の目標設定とその実現をめざすようになった新旧住民による自治の姿とが見られた。筆者は1981年から2000年までの約20年間を多摩ニュータウンで過ごしたが、偶然にもこのニュータウンが都市化地域の自治意識の調査対象地区となっていたことから、ここを例に地域自治の変容を振り返ってみる。

多摩ニュータウンの多摩市域には、①在来住民地区の自治意識、②新来住民からなる団地地区住民の自治意識、③時間の経過に伴って新旧住民が交流して市域全体の有り様を互いに考えていくようになった多摩市民としての自治意識があり、それら三例にみられる自治意識の変容からコミュニティ自治にみられる特徴を析出してみたい。

例えば、①、②、③の各地区の住民の自治意識にみられる特徴を析出すると、おおよそ、次のようなことがいえるのではないか。

まず、三地区の共通点としては基本的に、いかに出自が異なっていたとしても、これまで育ってきた地理的空間における（イ）生活者としての人と自然（環境）との関係、（ロ）身近な生活の場における近隣の人間関係、（ハ）生活していく上で必要とする主体間の相互依存・相互補完の関係、を体験してきているという点である。それらの関係作用が多摩市に移り住んでから各地区住民の意識と行動においてどのように変化してきたのかという視点から、ニュータウン住民の自治意識の移り変わりをみて、その中に見られる特徴を追求してみたい。

言うまでもなく、多摩ニュータウンの中心都市としての多摩市には、大きく分けて「在来住民」と、北海道から沖縄にかけての全国各地から寄り集まった「新来住民」とが住んでいる。その割合は調査時点における総人口約8万人中、在来住民2・5に対し、新来住民7・5の比率であった（1977年）。両者の決定的な違いは多摩市での居住年数である。在来住民のほとんどは生まれて此の方当地で暮らしてきた居住年数であり、地域の生活文化や自然・社会環境を熟知し馴化していた。それに対して、新来住民はニュータウンの建設計画に従い、団地が建設されて入居可能になった1970年以降からということで、居住歴は10年以内の短い年数であった。それゆえ、多摩ニュータウン地域の自然的・社会的環境に対する馴染み度合いは希薄なものであった。

この点を踏まえた上で、コミュニティの自治意識と役割機能の変化をみていくと以下のようなことが指摘できそうである。

即ち、コミュニティとは地域性と共同性から構成される概念であると述べてきたが、平たくいえば、一つはコミュニティという地理的空間で暮らす人々とその地域の環境空間との関係、つまり、地域の自然環境、社会環境、文化環境をどのように維持したり、守ったり、また、よりよい状態を創造したり、改善したりしていくのかという「地理的対象空間の特性としての地域性」と、二つはその地域で暮らす人々がそのコミュニティの課題解決のために必要かつ多様な能力、技能、資源を有し、自主・自立的に協力・連携して問題解決の機能を発揮していくかという「社会的空間における共同性」とからなるということであった。

このことから具体的に地域コミュニティの実際を眺めてみると、一定の地理的空間に人が定住し、その地で生活していくうえでの必要かつ十分な条件が基本的に存在し整っていることがコミュニティの具体的な姿であり、その中身をさらに詳細に見ていくと、第一は、コミュニティは人々の生業を成立させ、生存に必需的な地理的空間の大きさと自然環境の良好さが求められ、第二は、その空間を共有する人々の自主・自律性に基づく円滑な相互関係作用とそれを生み出すための社会環境を創造し保持していくこととなる。

要は、器としての地域コミュニティの自然地理的大きさと人々の生存のための自然条件が存在することであり、加えて、その器の中身として、人々が楽しく豊かに暮らしていける内容の充実強化を、コミュニティ住民をして自主・自律的に維持・補修し、発展させていく自治機能を保持していくことにあるので、ここでは、その具体的な姿を多摩市の在来住民地区と新来住民地区と両地区を合わせた市域という三例でみてみるということだ。

多摩ニュータウンは首都圏への産業の集積とそれに伴う人口の集中により悪化する都市環境の整備と住宅不足を解消し良質の住宅を提供することを目的として構想された「まちづくり」であったが、しかし、イギリスのニュータウン建設とは異なり、総合性を有する「まちづくり」というよりは住宅建設に比重を置いた、いわば「団地づくり」が中心の「まちづくり」であった。そのために都心部は職場、郊外は居住地と分離し、職住接近の夢は実現していない。その結果、ニュータウン居住者は60分から90分をかけて職場に通うという遠距離通勤を強いられている。だが、近年になって働き方改革や東京2020オリンピック開催に伴う都心部混雑の予想をうけて、会社に出勤せず自宅周辺で業務を処理する構想（コワーキング・スペースの確保）も見られ出した。この構想が常態化していくと今後、地域自治の有り様も変わっていくにちがいない。

それはともかくとして、第一の例にみる多摩ニュータウンの多摩市における在来住民地区の自治意識と自治活動は、先に見た日本の伝統的な地域コミュニティの自治意識や行動と大きな違いはなく、同じ居住地域の課題解決や催事・文化スポーツなどの行事の決定、ルールやコスト負担の取り決めなどを行う「地区寄り合い」を定期的に開催するなどをして、地域性と共同性に基づいた自治活動を展開していた。ただ、そのような活動を牽引する地区リーダーはもっぱら、当地に生まれ育った住民が努め、新たに住宅を求めて移り住んできた新住民はそこで決められたことに従わざるを得ない状況であった。つまり、伝統的な当該地域の生活習慣に馴化していかなくては地域住民の意向を集約し、地区の寄り合いで自己主張することは難しく、そこでは決められたことに従うことを常態としていたのであった。それを反映してか、当該地区の「まち環境」ないし「住環境」の有り様を現地調査で見てみると、住区街路は狭く曲がりくねったままであり、また、住区内の広場は畑などの農地空間であり、近隣公園的な整備は未だ不十分な状態であった。

それに対し第二の例は、ニュータウン建設計画にそって新たに開発された住宅団地の地域であり、そこでは全国各地から寄り集まった新来住民人たちの生活様相があった。彼らはほとんど見ず知らずの仲であって、その人たちが同じ居住区の、同じ建物で、隣の玄関とは階段を挟んで3、4メートルしか離れていないところで生活していくことになったのだが、しかし、隣人との挨拶や会話がスムーズに交わせるようになるには2年ほどの歳月を要したとのことである。

団地入居者の属性をみると、30～40歳代の働き盛りの人たちで高学歴層が多く、子供も一人二人の少人数世帯であった。在来住民地区の年齢層が子供からお年寄りまでの幅広い層の構成であったのに対し、団地の新来住民のそれは30～40代の比較的若い同年齢層が中心であり、職業も一次産業以外の人がほとんどであったのだ。それでも彼らには、何かのキッカケさえあれば親睦や協力連携も深まる下地を有していたのである。

そのキッカケを提供してくれたのは団地独特の住宅管理組合の存在であった。この組合は100戸から200戸程度に纏まった住区を単位として設けられているもので、その役割は住区の安心・安全機能をはじめ、住区の資産価値の維持・保全、住区住民の親睦・交流促進、住区の美化活動、他の住区との相互連携活動、自治行政に対する住区住民の声の反映、住区の自主自発的な文化やスポーツ活動など、多岐にわたっていた。これらの機能の中には地域の自治機能や地域の環境保全、課題解決などの機能も含まれていて、団地入居者が当該組合の主人公になり、役員選出、年次活動計画の策定、行政や他の住区との協力連携活動などを定め実施していく働きを担っていた。当初の住宅管理組合規約は管理会社が用意した規約であり、それに基づいて活動していくのだが、漸次、住区住民である住宅管理組合員主導で規約改正を進め、自分たちが活動しやすい内容へと改正していくとのことであった。

住区住民同士の親睦が進み、気軽に会話ができるようになったのは、上述のようにして住宅管理組合員が主導的に規約を改正しながら、管理組合の年次活動計画のなかに住区内の環境保全やその維持を活動方針として位置づけ、住区内通路や広場の清掃と夏場に生い茂る雑草の除去や道路に面した法面の草むしりなどを住区の住宅管理組合総会において定めてきたからである。この住区内住民による共同作業の方針決定が住区内住民の相互交流と親睦を促進し、2~3年という比較的短期間に住区内住民の自治意識の向上と自治活動の活発化を推し進めることができたのであった。

では、そうしたことが可能になった背景には具体的に何があったのであろうか。これまで中山間地域における地域自治の生成背景をはじめ、都市化時代における自治意識や自治活動の変容状況、さらには自治体創設過程における地域住民側と行政側との取り組み状況などをみて、生活者としての地域住民の自治力発揮の様相を考察してきたところである。

そこでここではさらに、第三の例として、新旧住民が協力・連携して市域全体の課題の掘り起こしとその解決策を考えていくようになった過程を観察してみるとしよう。

新旧住民からなる多摩市民としては、その過程をどのようにして実らせてきたか、その実態観察を通して、多摩市民の自治意識や自治活動の充実・発展の様相を描写してみたい。

まず、多摩ニュータウンにおける在来住民地域と新来住民地域を包摂した多摩市全体における「市民」としての自治意識と自治活動とがどのように成熟していったか、ということである。この点については第一や第二の例とは異なり、地区住民間の交流を促進する媒介の役割が必要であったのだ。

その一つは市行政の役割である。つまり、多摩市は市政の政策形成過程の一環として、市域内の人口分布状況と小学校区と地区コミュニティ・センターないし地区公民館を考慮して地区分けをし、各地区が直面している問題は何か、市全体が抱えている問題は何か、団地地区の問題は何か、在来地区の問題は何か、などについて意見交換する機会を設けてきた。そこでは、新旧住民が多摩市についてどのように考えているか、どのような思いを持っているか、さらにはどのように当面している問題の解決を図り、保全したり改善したり、新旧住民の交流促進を図ったりしようと思っているか、について意見交換をする機会と場を市行政側が提供するという役割を担っていたからである。

その二つは新旧住民が互いに触れ合う「場」としての施設を整備していったことである。ニュータウン側には多摩センター駅前にパルテノン多摩という大規模の複合施設が整備されていたが、それは全市的施設でありながらも団地住民側にとってはアクセスが容易でも、在来住民にとっては何となく近寄り難い感じを与えていて、新旧住民の交流促進にとっては不十分な感じを与えていた。そこで、多摩市民の文化・スポーツ、催事などを市民が企画し実行していく「市民ホール」ないし「中央公民館」といった施設の整備が求められ、在来住民地区である聖蹟桜ヶ丘駅近くにその施設が整備されたのであった。新旧住民が多摩市民として一緒になり、自分たちで可能なことを企画立案し、市民の参加を得ながらコンサート、習字や絵画の展示、ゲートボールやグランドゴルフ、市民運動会などを開催して新旧住民の交流を図っていったのであった。

その三つは多摩市民の7・5割を占める新住民側は職場が都心にあって遠距離通勤を余儀なくされていることである。そのために新旧住民が一堂に会して意思疎通を図っていくには、どうしても夜間か土曜、日曜の時間帯でなければ交流はできない。そうすると、市行政側の自治振興部門や公民館運営部門やコミュニティ行政担当部門の職員たちは夜間業務や土、日出勤が求められる。できるだけ幅広い市民の参画と市行政との連携を確保しようとすれば、ある程度の犠牲を互いに払っていかざるを得ないのである。

このようなことから、どのようにして市民同士の意思疎通を図り軌道に乗せていくかは簡単なようであったが困難さを伴っていた。この例の場合には、行政側に業務のやりくりを考えてもらって乗り切ったとのことであった。

その四つは多摩ニュータウンの独特の特性を生かしながら多摩市民としての意識向上と自治活動の活発化を図ったことである。どういうことかと言えば、多摩ニュータウン地域には地形的特徴を考えた、平坦地を貫く幹線道路と丘陵地の尾根沿いを走る幹線道路があり、それらと住区街路との連結を図って、４００メートル程度の間隔でバス停を用意するなど、市民生活上における公共交通の利便性を確保する一方、その幹線道路沿いや周辺地域に複数の大学（多摩大学、大妻女子大学、国士舘大学、恵泉女学園大学、桜美林大学、帝京大学、東京医療学院大学、中央大学、明星大学、首都大学東京）などが立地したことにより人的資源にも恵まれたのであった。それが市民の自治意識向上や自治活動の活発化にも役立つ叡智や技能を提供してくれ、地域における自治活動の展開にも大きな影響を与えてきたということである。

その典型としては住区住民の自主自発的な野外コンサートの開催がある。ニュータウン地域内には計画的に公園が整備されており、また、いくつかの住区には小高い築山も造られていて、野外コンサートも開催可能な状態になっていた。住民の中には音楽家、スポーツマン、司法関係者、マスコミ、大学教員、行政マンなど各種専門家が住んでいて、彼らが先に述べた住区内の草取り活動を通じて会話が進み、「夏の夕べを音楽で楽しもう」という話題に花が咲いたのであった。そこで音楽関係者の住民が、友人、知人を通じて日本を代表するような音楽家に協力を求めた結果、その協力要請に応えて「夏の夕べのコンサート」が築山を会場にして開催されることになったのである。数年間は地区住民主体の自発的なコンサートであったのだが、音楽を楽しむ住民観客が３０００人以上も集まり、築山の芝生に座って「夏の夕べのひとときを過ごす」一大イベントになっていくと、多摩市政も協力の動きを見せ始めたのであった。これが新旧住民の枠を超え、全市民的でボランタリーな自治活動へと育っていったのである。そして、このことが、多摩市を「文化・学園都市」に押し上げる力の発揮へと、つまり、市民の自治力発揮による「都市づくりの姿」に映ったのであった。

このような多摩市民の自治意識や自治活動の変容は、地域の課題解決にあたっても市民と産官学との連携によって図られるという道を切り開いてきたのである。筆者がニュータウンで過ごしていた時点では、多摩市全域における住区数はニュータウン地域11住区、既存地域10住区（これには小字か大字の区別が不明で新たに開発された地区を含んでいた）の計21住区となっていた。その後、初期のニュータウン住民も今日では定年を迎えて高齢者になり、２０１９年7月時点における現地視察では、エレベーターのない中層住宅の空き家が増えてきており、ゴーストタウン化を避ける観点と高齢者にも住みやすいエレベーター付き高層住宅化と、オープン・スペースの確保という視点からのまちづくりを目指す、区画整理事業を中心とする再開発政策が進められていた。この際も居住者地区住民の意向を反映する方策が採られていて、居住者の希望する方向での新たな住宅の戸数、コスト負担、住環境などを勘案した政策が進められていた。いわゆる、住民の意向を反映する地に足がついた政策展開になってきており、当初のニュータウン開発とは異なった、住民自治が活かされる政策展開に変わっていたのであった。

また、既存地区においても昔からの狭くて曲がりくねった生活道路の危険性や住区公園不足の都市的環境から脱し、魅力あるまちづくりへと進める方策が地区住民の話し合いで展開されるようになってきており、その話し合いの場においても新旧住民同士が活発な意見交換がなされていたのであった。これも地区住民自治の変容と言ってもよいのではないかと思われる。

以上のことからいえる自治の充実・強化は、同一の地理的空間で暮らす人々が意見を交換しながら、互いに共有（シェアー）できるものを探求し合い、互いが持っている資源と技能と力でそれを実現し続けていくことであろうと思われる。だから、そこでは、地区住民が互いにシェアーできる社会的環境や文化的環境を創造し、それらを当該地区の自然地理的環境のなかで共有していくという「シェアリング哲学の精神」に基づき「地域住民自治の充実と発展」を図っていくということであり、それが住民自治強化のための必要かつ十分の条件になっているのではなかろうか、と考えたのであった。

（注1）著者は1977年7月から9月にかけて、ロサンゼルス・カウンティにおける未法人地域のコミュニティが法人格を有する自治体になっていく過程を現地調査した。その時の研究成果は、日本地域開発センターが発行する月刊『地域開発』'78／9、10、11月号にて、研究報告として発表し、本節はその内容を参考にしている。

（注2）この点についても右の（注1）を参照している。

（注3）これはロサンゼルス・カウンティ政府が提供した、つぎの資料による。
Ruth Benell, "A Guide to Procedures for City incorporations, annexations, and minor boundary changes", prepared by county of L.A. 1977

（注4）ロサンゼルス市の南東部に隣接するレイクウッド市が1954年、コミュニティから法人格を取得して自治体になる際、現行カウンティ行政サービスを下回らないように工夫開発した「契約行政の手法」で、自治体に認定されれば、このような手法で自治行政を運営していくことを州議会への説明資料として作成した図であり、これをカウンティに設置されている地方自治体設置委員会（Local Agency Formation Commission）に提出したものである。この契約行政方式は全米各州に普及していった。

（注5）1983年9月、私は日本都市センター研究室の依頼を受け、ニューヨーク市におけるコミュニティ政策の実態を視察するためにニューヨーク市庁舎の本館にあった「メイヤーズ・アクション・センター」を訪問した。このセンターは当時、荒んだ状態にあった都市部のコミュニティを再生させるために市長の特命を受けた20名の匿名職員が荒んでいるコミュニティに出向き、路上生活者などの聞き取り調査を行ってコミュニティ対策に取り組んでいく内容であった。私を調査現場に案内し実態を説明してくれた職員は、ウィスキーボトルを紙の袋に入れて飲んでいる酔っぱらいの浮浪者を見つけては声をかけていたが、それを見ていて怖さ半分と仕事の大変さ半分を感じ、自治行政の現場第一主義の重要性を自分の目で確認した次第であった。この訪問をキッカケに、翌年度の留学先を決めかねていた私は、ヴァジニア大学のアリンソン先生に連絡を取り、84-5年の留学希望を受け入れてもらうための事前協議を行い、研究内容を協働型自治行政の実態調査を中心とすることを了承してもらったのである。

（注6）「都市化地域の市民の自治意識調査」は1973-74年にかけての日本都市センターの調査研究事業であった。この調査では特に、都市化現象の激しい地域を対象にして、自治行政の問題点と住民の自治意識との関係を明らかにし、今後の自治行政のあるべき方向を示唆する点にあった。ここでは、多摩ニュータウンに焦点を当てて述べている。

◆◆第3章◆◆

自治とデモクラシーの関係

自治とデモクラシーの関係は古くて新しい問題である。ギリシャ時代から現代までの長きにわたり、この問題については様々な側面から論じられてきた。筆者も研究者の道を歩み始めた頃、この問題について研究したことがあり、その成果を日本都市学会において発表させていただいた。ここでは、このときの研究成果を参照しつつ[1]（日本都市学会編『都市自治をめぐる学際的研究』Vol. 13 1979 pp23–31 参照）、政治的人間と政体の側面から自治とデモクラシーの関係について論じていくとしよう。

1. 「分かち合い」（シェアリング）に見る自治とデモクラシー

私たちは〝人は一人では生きていけない社会的動物である〟という言葉を子供の頃からしばしば耳にしてきている。取り立てて難しい言葉ではないが、社会科学的に考えてみると、それがもつ意味は幅広く、そして、深みがある。また、人は〝政治的人間である〟とも言われる。この言葉にも社会的動物の文言と同様に深い意味がある。先に「里山文化」ともいうべき「棚田文化」について述べてきたが、この棚田文化が生成される過程では、人が社会的動物であるとともに政治的人間であることも包摂されていると言ってよい。では、それがどういう内容であるか、以下、少しく考えてみる。

そもそも「分かち合い」という言葉は、老若男女の複数の人たちからなる社会において、人が生きていくために必要不可欠なものを皆で共有し合うという意味である。(2) 要は、その共有し合うものとはなにか、だれがそれを創造していくのか、そして、誰が分かち合う方法や基準を考え、それに基づいて分かち合っていくのか、といったことがここでの考察の対象になる。

私たちは、この世で生きていくために必要なものを、皆でつくり、皆で分かち合っている。つまり、「分かち合うもの」をつくりだす役割は皆で担い、それの分かち合いについても、皆が共通に

教訓としてのシェアリング（sharing：分け合い）の哲学

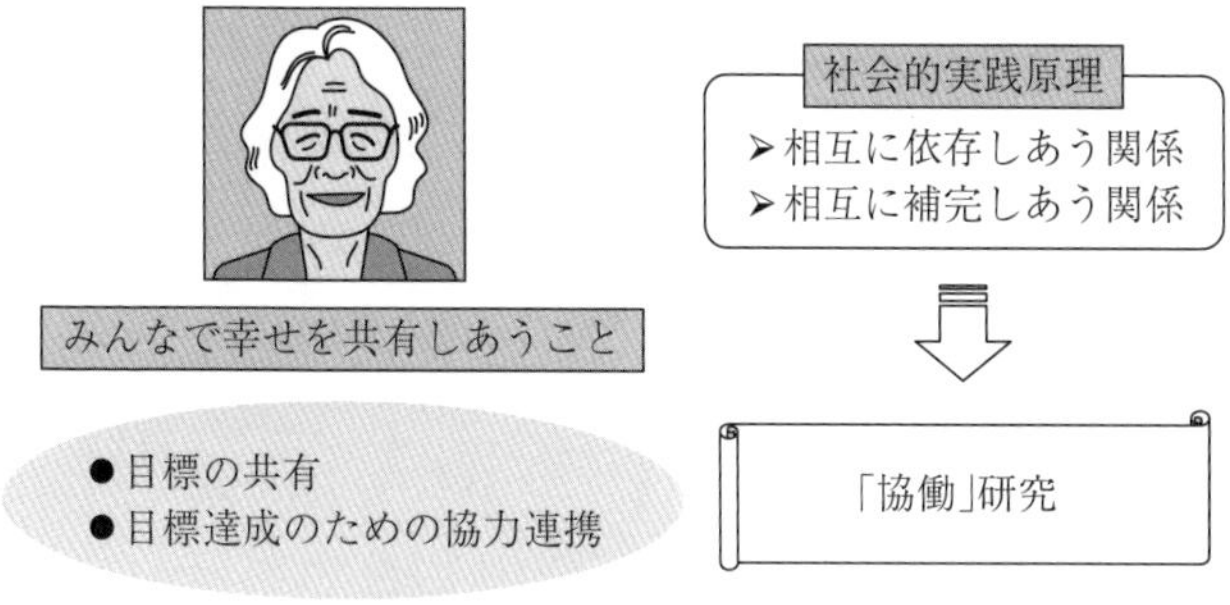
社会的実践原理
➤相互に依存しあう関係
➤相互に補完しあう関係
みんなで幸せを共有しあうこと
「協働」研究
●目標の共有
●目標達成のための協力連携

必要とするもの、性別、年齢別、地域別、緊急性別等に応じて必要とするもの、経済活動や社会活動や文化教育活動などに応じて必要とするもの、等々を勘案しつつ、皆で話し合いながら皆で決めているのである。

問題はしたがって、皆で話し合いながら皆で決めていくという、そのプロセスが人間社会においては不可避になっているという点である。そこでは人々が相互に関係し合うという点で社会的動物であるとともに、皆で話し合いながら決めていくという点では政治的人間ともいうことができるのである。

では、人が社会的動物であるとか政治的人間であるとかはどういうことなのか、現実社会を振り返りながら考えてみる。

(1)「人は社会的動物である」と呼ばれる意味について

先に「社会」とは何かについて述べたとき、「人と人との関係作用」をもって「社会」という、と論じてきた。その論拠を「棚田文化」に求め、何故に人は棚田をつくり、それをどのように維持管理してきたかを考察してきた。そして、そうした思考および行動の過程において人々は、どのように相互関係作用を働かせているのか、そのために必要な手段・方法・技能・費用・知識などをどのように投入し産出しているのか、そして、人は暮らしていくためにその必要量をどのように決定し配分していくのか、などを体系的に考えていかなければならないと指摘してきたところである。

その基底を貫いているのは、人が生きていくためには他者との相互協力や相互連携の関係作用を不可避としているという点であり、その具体的な例を農村集落における棚田文化に求めたのであった。

棚田は人が生きていくのに必要な食料を生産していくために、地形に合わせた段々畑をつくり、そして、その最上段から下段の田畑に農業用水を送り込む営農の姿である。そこでは、中山間地の集落住民たちが河川上流で農業用水として分流させた水路としての「井手」を自分たちの素手でつくり、それらを自分たちで維持管理していく、という中山間地における農村社会の喩えであった。

そこでの農作業は一人の力だけでは困難であるため、そこでは生活の場を共有する人たちが、お互いの信頼関係と協力・連携の絆をつくりあげ、人々が総合的に力を合わせて協働していくことが必要であったのだ。しかも、それに基づいて暮らしていかなければならない必然があったのである。

人々がそうした協働意識をもち、そして協力・連携していくことは、人々の社会生活にとって絶対的に必要な所与の要件であった。それには天与のものと人為によるものとが考えられ、さらには両者の融合によるものもあり、いずれも人々の社会生活にとっては不可欠の要件となるものであった。

ここで天与のものとは人間生存を取り巻く自然環境条件を指す。また、人為によるものとは自然環境条件を人間生存のために活かす智慧や知識と技能や労力によって生み出されるものを指し、それは人々の信頼関係の確立に基づくコプロダクション・システム(3)によって生み出されるものということができる。さらには、両者の融合によるものとは自然環境が与えてくれる諸資源を人間生存に活用するため、人々が工夫開発してきたものである。それにより人間生存のために必要かつ十分な条件を整備していくことと、その整備に必要な能力や技法を身につけて発揮していくこともここでの所与の要件となっている。

右の内容を整理すると、人が生きていくためには、それ相応に必要な自然環境・自然資源とそれらを人間生存に必要な形に加工し、利用する能力や技法が不可欠であり、それらを獲得していくためには人々の総合的な力を結集し、そして発揮していくための諸要素の働きをシステム化していかなければならない、ということである。

これらはいずれも、人々の相互関係作用を必要とする社会性とその社会性発揮をシステム化し、皆のために役立つ価値を生み出していくことにある。とくに、人々が総合的な力の結集を図るという意味では「人は社会的動物である」といえ、その社会性発揮のプロセスをシステム化していくという意味では「人は政治的人間である」ということを示唆しているようである。

（2）「政治的人間であること」について

人は自分一人の力では対処できない問題に遭遇したとき、どのように対応していくであろうか。現代デモクラシーの世界においては、おそらく人々はその問題の影響を受ける人たちの声を集約するとともに、その問題の発生原因の究明やそれの除去方策に関する知識や能力と、その問題解決に必要な技法や資源などを結集して活用し、最も合理的な解決に向けてそれらの力を出し合ったり借りたりしながら対応していくに違いない。人がこのような対応行動を執ることこそが「政治的人間」といわれる所以でもあろう。

政治学に云う「政治」とはなにか、あるいは、政治学は何を研究する学問なのかという観点から、様々な文献に目を通していくと「政治学とは政治過程を研究する学問である」というように纏められそうである[4]（内田満『政治参加と政治過程―現代日本の政治分析―』（前野書店、1972年））。しかし、そのように纏めてみても、続いて「政治過程」とはどういうことなのかという問題に突き当たる。この点も分かりやすく論じておくことが必要であろう。

いうまでもなく政治過程とは次のような流れを示す。そのスタートはまず、人々が暮らしている社会的空間において、楽しく豊かに暮らしているか、あるいは、そうした生活を妨げたり、その地での生活が困難になったりする問題はないかについて現状認識をすることであり、続いて、その問題の発生要因をはじめ、その影響範囲を明らかにして問題の解決策を探っていく。さらには、人々が現状よりも暮らしやすい社会的姿を描き、それに到達していくためのプロセスにおける人々の諸活動、集団的な意思決定と、それらをめぐる人々の活動現象である、ということが政治過程なのである。

このような捉え方はシカゴ学派の手法に沿うもので、１９２０年代から展開されはじめた社会的実践原理に基づく研究手法であるといってよい。シカゴ学派の研究手法は抽象的な観念論よりも社会現場の分析を通じてより良い社会を追究していくシステム論的手法である。政治研究を志した者であれば誰でも一度はこの手法を学んできたに違いない。その先駆的な研究者はチャールズ・メリアムやハロルド・ラスウエルであり、インプット＝アウトプット・システム論の展開はデビット・イーストンに見ることができる。さらに決定過程に人々の心理的影響が反映する点や、利害関係者の権威や影響力の視点から接近したのがハーバート・サイモンやロバートＡ・ダールであった、といってよいだろう。

そこで、そうした先駆者の研究成果に依拠しつつ、現実の政治過程の実際に考察を加え、その概要を一瞥しておきたい。

(3) 政治過程への関与者としての政治的人間

先ず、政治過程研究の出発点は地域社会で暮らしている人々が主体となり、地域住民が楽しく豊かに暮らしていくことが出来ているか否かを知り理解していくことから始まる。そして、今現在の状況について人々はどのように認識しているかという、人々の現状認識について把握していかなければならない。

この段階では、地域住民の地域社会における生活が円滑に営まれているか否かを様々な側面から調べ、その結果を客観的にデータ化して分析し、問題の所在と、その原因究明および除去方策を考えていくことになる。

この流れが政策づくりのスタートであり、政策形成過程(policy formation process)の第一段階となる。日本におけるこの段階の実態をみると、現状分析による課題設定と合理的な問題の除去方策の検討がそれに当たる。そして、それらに基づくあるべき地域社会像を提示し、地域住民が期待する地域社会の姿と一致させた目標を設定する。その上で、目標達成に必要な要素である客観的で合理的な方法・手段・時間・資源の適正配分を示した原案を策定して提示していく。これを政策の原

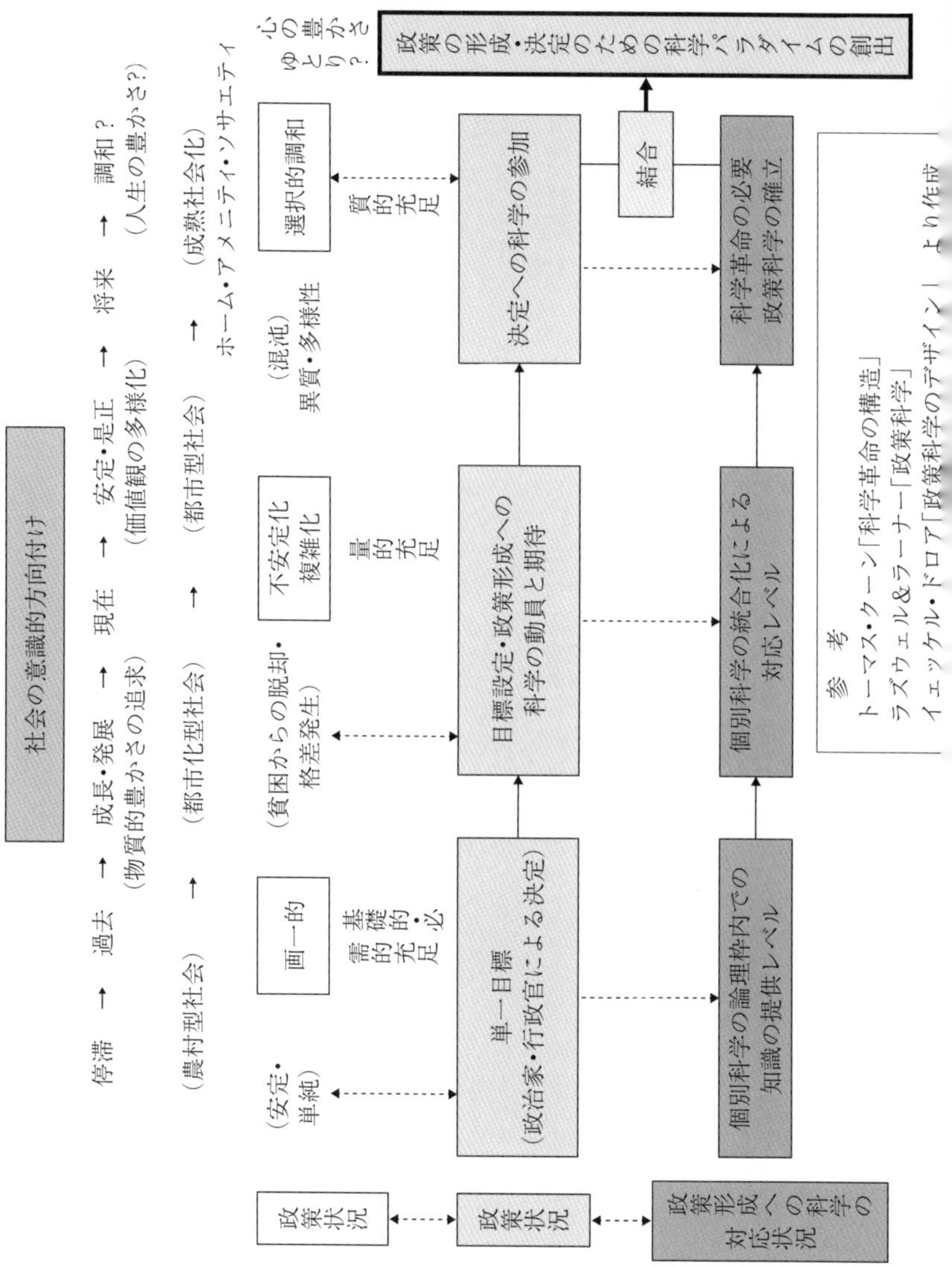
社会の意識的方向付け
停滞 → 過去 → 成長・発展 → 現在 → 安定・是正 → 将来 → 調和？
（物質的豊かさの追求）
（価値観の多様化）
（人生の豊かさ？）
（農村型社会） → （都市化型社会） → （都市型社会） → （成熟社会化） → ホーム・アメニティ・ソサエティ
政策状況
（安定・単純）
画一的
（貧困からの脱却・格差発生）
不安定化
複雑化
（混沌）
異質・多様性
選択的調和
心の豊かさ
ゆとり？
基礎的・必需的充足
量的充足
質的充足
政策状況
単一目標
（政治家・行政官による決定）
目標設定・政策形成への科学の動員と期待
決定への科学の参加
結合
政策の形成・決定のための科学パラダイムの創出
政策形成への科学の対応状況
個別科学の論理枠内での知識の提供レベル
個別科学の統合化による対応レベル
科学革命の必要
政策科学の確立
参考
トーマス・クーン「科学革命の構造」
ラズウェル&ラーナー「政策科学」
イェッケル・ドロア「政策科学のデザイン」より作成

案策定過程という。この過程に関わる主体は地域住民と自治体行政職員と地方自治法上の付属機関である審議会や調査会であり、それらには利害関係者や公募による一般市民と大学教授などの専門家が委員となって原案の素案作成を行っているのである。

第二段階は第一段階で提示された原案の素案について多角的な検討を行い、公正性や公平性が確保されているか、また、民主的な利害調整がなされた内容であるか、さらに資源配分は適正であるか、などについて議会で審議し、政策の合理的な決定を下していく政策決定ステージ（decision-making stage）となる。このステージでの中心的な役割は住民代表である議会であり、議会は行政をチェックする役割を果たすとともに政策の決定機関でもあるゆえ、十分な審議を尽くしていかなければならない。もちろん、専門的な知識を必要とする場合は当該領域の専門家を参考人として招致し、意見を拝聴したり、また、当該政策の利害関係者の意見を表明してもらったりしながら、決定の専門性・客観性・公正性・合理性を確保して政策の決定をしていかなければならない。

つぎの第三段階は、このようにして決定された政策が執行されていく過程（implementation process）である。政策執行のためには地域住民の労力や能力を借りたり、地域住民と連携したり、議会のチェックを受けたりしながら行政がイニシアティブを発揮し、POSDCoRBという七つの行政管理要素（執行計画、執行組織、人材配置、執行方針、主体間共同、実施経過報告、予算管理）に則り政策を執行していくステージである。このステージでは決定された政策の目的を具体的に目標化し、その目標達成のための方法、手段、時間、財政、人材、資源、技能などをどのように調達・配分していけば、いかなる成果と社会的効用が得られるかを予測した執行計画を立案する。そして、それに沿って施策を合法的に実施し、その実施成果を市民感覚で評価していく、いわゆる、Plan→Do→Seeのステージでもある。計画（plan）と実行（do）は社会的価値を生み出すための手順・資源・技術・時間・人材・組織の投入（in-put）である。それらの投入と執行結果（out-put）に対する合法性・費用対効果・市民満足度のチェックを市民や議会の目線で行うのが評価（see）である。これを評価過程（evaluation process）といっている。

このような評価過程を経た結果、政策過程の最終段階としては、政策が予算不足や、課題解消のための専門的知識や技能が不十分であったり、天変地異の影響を受けたりして計画通り上手く達成できなかった場合や、あるいは、計画通り施策は首尾よく終了したが、結果に対する市民の満足が得られなかった場合などの評価により、残された課題への対応をどうするかということの検討でもある。こうした検討は施策評価過程（feed-back process）と呼ばれ、施策を再検討していくこととなるが、この場合、市民の満足度調査を行って次年度の施策の有り様を再検討し、施策を継続するか、新規施策に盛り込んでいくか、それとも施策を廃止するか、などに振り分けて再投入（re-in-put）を考えていく。

このようにして政策過程は、政策形成・決定過程、政策執行過程、政策評価過程、政策修正・再投入過程を経て一巡する。

人々は何らかの形でこの政策過程に関与するとともに、つねに政策過程の主人公としての役割を果たしていくことになるのである。このことからも人は政治的人間であるという意味を内包しているといえるのである。

2. デモクラシーとは

デモクラシーは英語で示せば“Democracy”であるが、この語源となっているギリシャ語で表現すれば、“Demos Kratia”である。“Demos”は「市民の」であり、“Kratia”は「権力ないし力」で、“Demos Kratia”=“Democracy”=「市民の力による政治」=「民主政治」となる。

つまり、デモクラシーとは市民が主人公になって直接的・間接的に市民の力によって執り行なう自己統治の政治、いわば、民が主人公として行う政治様式が民主政治といわれるものなのである。

ギリシャ都市国家時代のポリスは人口規模や面積規模という面からみると小規模であったようである。しかも時代が移り変わるにつれて、ポリスの統治様式や防衛のあり方にも変化が見られる。ポリスは城壁で囲んで守っていく体裁となり、城壁内に住む人々や守備隊などの食料等は城壁外で生産されたものを取り込んでいきながら統治していくことになる。だが、ポリス規模が小さければ外部からの攻撃に弱くなり、そこでは自給自足的で小規模の自己統治体（主権体）としての都市国家の限界が浮上する。その限界を乗り越えるためにはポリスの自己統治規模を大きくして自衛力をつける必要も生じた。そのことにより、都市国家としての規模の拡大と自衛力増強をどのようにして図っていくかが問題として浮上したのである。

そこで、この問題については、都市国家としての政体規模について論じた二人の先駆者、プラトーとアリストテレスの考えを出発点に、以下の行論で述べていくこととしたい(5)（『都市自治をめぐる学際的研究』（日本都市学会編、1979年））。

まず、プラトーは『プラトーの対話』のなかで、都市国家としての政体の規模は、市民が互いに顔見知りで、できる限り友情を抱けるほどの小さな市民集団からなることを主張し、およそ5040人の家長からなる人口規模をもって最適とした。また、アリストテレスは『政治学』において、自給自足できないほど少ない人口と、互いの性格をもはや知りうることができないほどの多くの人口との間に政体規模の最適性があると論じている。いずれも人口規模と人々の間の直接的コミュニケーションの度合を指標とした規模論で、小規模性に価値をおいた考えであった。

どういうことかと云えば、一つは、政体が小規模であれば、人々は様々な局面における決定への参加と、政体のコントロールのための多くの機会をもてるようになるということ、二つは、政体の構成員が少なければ、彼らは互いに知り合うことができ、互いが抱えている問題を理解しあい、かつ、友情感覚を互いに促進していくことができるということ、三つ目は上の二点が基礎となって、政体が直面する諸問題を総合的、全体的に分析し討論していくことを可能ならしめるということ、そして、四つ目は、その政体が小規模で完全な自治を営むならば、その構成員は自給自足でなければならないし、生活は質素でなければならないということ、最後の五つ目は、そのことから政体構成員間の不平等意識や妬み意識をなくしてくれるので、その質素さこそがデモクラシーの価値とも考えられるというのである。

こうした指摘は、ロバートA・ダールとエドワードR・タフティによる著書においても知ることができる（"Size and Democracy", Stanford University Press, 1973, pp1–53）[6]。

このように都市を一つの国家政体として捉え、その規模のあり方をデモクラシーとの関連で価値づける見解は、ギリシャ時代以来の長きにわたって政治理論にも大きな影響を与えてきた。

ここではジャン・ジャック・ルソー、ジョン・スチュアート・ミル、シャルル・ド・モンテスキューらの政体と規模の関係に関する考え方を参照し[7]、自治とデモクラシーという用語の一般的な意味合いにおける共通点や相違点を仄見し、その上で、人々はどのような政体規模をいかなる理由で望んでいるのかについて考察してみたい。

先ず、18世紀の政治思想家ジャン・ジャック・ルソーは、規模が小さく、市民の生活が質素であることを民主政体の本質であると考え、政策の形成や決定に市民が効果的に参加できる機会は、人口規模が大きければ大きいほどその決定に対する市民の共有感は希薄になると主張する。つまり、政治に対する効果的制御や政治的合理性、平等や参加、友情や合意といったものは、政体の人口規模や領土が大きくなるにつれてその有効性を失わせていくことになるので、政体の小規模性のもつ政治的価値を重要視したのであった。

しかしながら、理論上はそうであるとしても、実体としての政体の規模は時の経過とともに拡大する傾向にあり、その間に民主政治理論のジレンマが見られるようになってきた。つまり、政体の規模が小さければ大きな政体の力に従属させられ、政体の規模が大きくなればその内部の脆弱性によって自壊していくというジレンマであった。

このジレンマ解消策として登場してきたのが、連邦形成論や間接民主政治論である。これらは、時代環境が移り変わるにつれ政体規模も変化していくため、政治運営上の実践的な目的達成のための構想として理論化されたということができるのである。

その中でシャルル・ド・モンテスキューは、連邦を形成することで、小規模政体はその小規模さゆえの外部的危険性から、また、大規模政体はその大規模さゆえの内部危険性から免れると指摘する。

これに対してジョン・スチュアート・ミルは、社会のあらゆる要求を十分に満たしうる唯一の政治は国民全体が参加しうる統治であるとしながらも、規模が大きくなればどうしても全員が決定に参加することはできなくなるので、現代世界にとっての理想的かつ最良の統治形態は「代議政」であるとして、古典的な小規模性のもつデモクラシーの価値を引っ込めたのであった。

かくして、デモクラシーの軌跡は小規模の都市国家から大規模の国民国家へと移行し、規模の拘束性から解き放たれた感を与えたが、しかし、規模とデモクラシーの関係についての古典的な考えは、反集権論者、地方自治の擁護者、草の根民主政論者、参加デモクラシーの唱道者らによって、コミュニティや近隣住区（ネーバフッド）の自治のような、より小さな単位における特別のデモクラシー価値として守り続けられてきたのである。そして、そのことはデモクラシーがいかなる点で小規模性と結びつけられるかの「理念モデル」として生きつづけてきたのであった。

今日では、そのことがモデルの領域から実践の領域へと歩み出しているのである。その内実を見ていくと次のようなことが指摘できる。

即ち、主権体である国家の政治システムと同様のかたちで、一国内における自治体間の、あるいはさらに、一自治体内における住区単位間の「連合的（多元的）地域自治運営システム」が、解決すべき問題の規模と市民の有効性とそのシステム容量との関係で、理論としてよりも実践効果として取り入れられている、ということである。とりわけ現代社会が社会的経済的諸条件の変化に伴って急速に人口増加を来たし、しかもその人口が一定地域に定住することなく地域から地域へと流動することによって社会における問題の規模を拡大させることにより、それに伴って生じる問題に対応するための、実践的システムとしての「連合的自治システム」が有効・有益であると構想されたからであった。

その具体は、ある地域が村から町へ、町から都市へ、都市から大都市へと変化していくことにより、人々の生活における関係性は希薄化するとともに地域に対する帰属意識も薄れていく。そのために、従前よりも相対的に孤立し疎外された個人を生み出してきたのであった。したがって、そのようにして発生する問題への対応には小規模自治（運営）体の連合による対応システムこそが人々の関係性の希薄化や地域への帰属意識の希薄化を防ぐ実践的システムと考えられたのは至極当然のことであったといえよう。

現実の地域社会を見ていくと、複雑多様にわたる広狭深浅の問題が人々の生活の場に投げかけられ、それらが漸次膨らんでいくことによって、それらへの対応体制も近隣住区から小中学校区へ、学区から市町村という基礎自治体へ、そして、広域市町村圏へ、都道府県へ、さらにはリージョンへ、国家へ、という具合に広域化してきている。そして、その対応体制も連合化した新たな対応システムの必要性を促してきたのである。

とくに、現代社会の特徴としての高度の相互依存性は、問題の性質や規模と同様、人々を固定化した政治単位に属させてはおかず、様々な複数の単位に関わりをもたせるようになってきたわけで、そこでは、必然的に諸単位間の適正な関係をシステム化した対応体制の必要が出てきたのであった。
このように、現代社会の特質が政治システムに与える問題は、自治とデモクラシーの関係をどのように理解し、実践に結びつけていったらよいか、という問題の提起でもあったといってよい。

3. 自治とデモクラシーの関係について

これまで論じてきたことからも理解されるであろうが、自治もデモクラシーも人々が主人公になって統治していくシステムであるという点では共通している。そうであるとすれば、両者には統治概念も横たわっていると考えられ、したがって、統治するということには、支配者と被支配者の関係が基本的に包摂されているといってよい。そこでは、誰が支配者となり、だれが被支配者になるのかという両者の関係のあり方（自同化）の問題を内包しているのである。

自治の場合は自己統治という考えが根底にあり、自主自律性に基づく自治ということは第1章の冒頭で述べた通りである。この場合の自治は、デモクラシーの理念モデルと一致する。いわば統治（政）体を構成する構成員は自らを律する自主自律性を有し、そうした構成員たちが互いに知り合いで友情に厚く、生活の場への帰属意識を強くもつことによって、自分たちの考えで決めた生活の場のルールを支配者にし、そのルールに自分たちは従う被支配者になる、別言すれば、支配者と被

小規模社会の自治機能・政治教育機能(8)

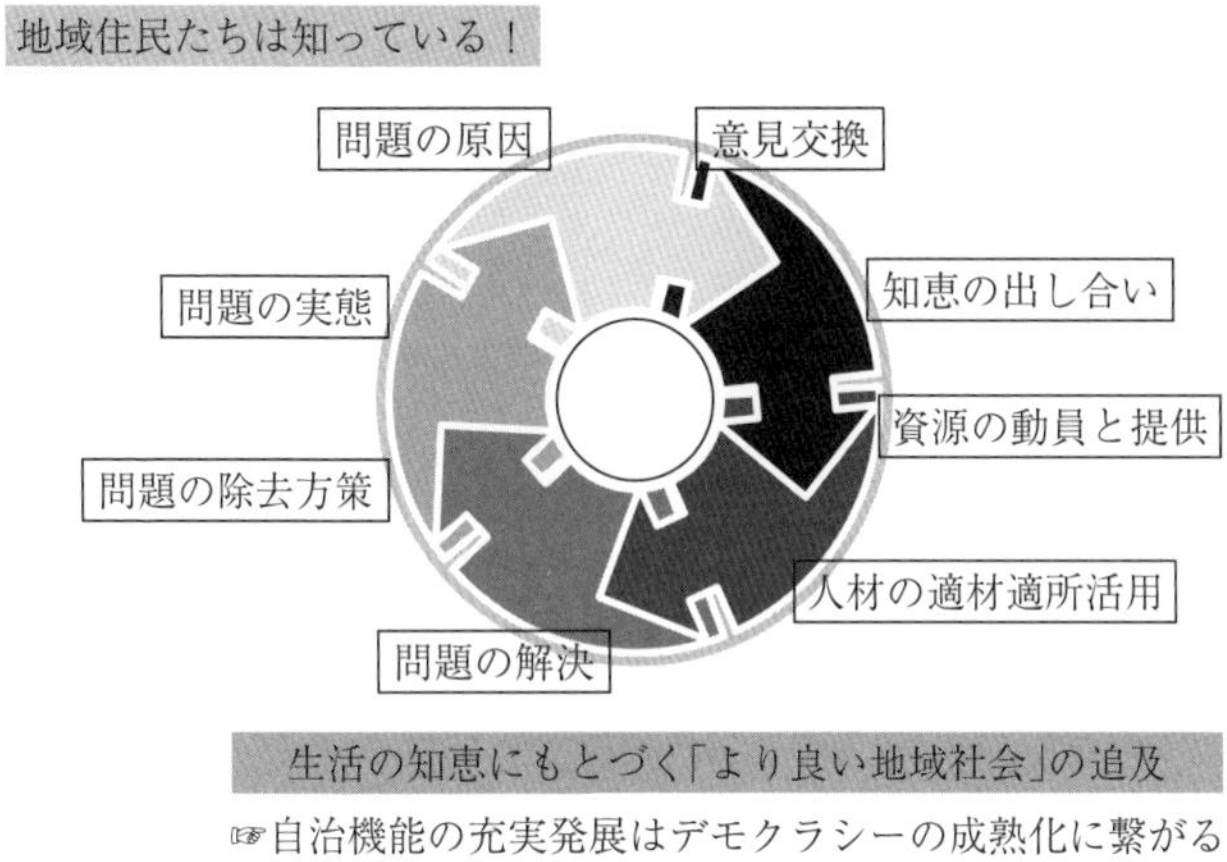

支配者の自同化を前提にしているという点である。ここに「民」が「主人公」となる「民主性」と自己を統治する「自治性」とが包摂されていると云うことができるのである。

これは小規模性に価値をおいた政体の政治システムであり、ギリシャ時代の都市国家に見られたシステムこそが有効に機能する政治システムということであった。しかしながら、システム概念を考えてみると、それは、ある一定の目標達成の方向に個々のシステム構成要素が連携することによりシステムを円滑に機能させ、それによって目標を達成していくという動態概念でもある。それゆえ、それには、システムを構成する個々の要素が、それぞれに自己がもっている能力をどのように連携させて発揮していけば、システムとしての最大限の力を発揮できるか、そして、どの程度の規模や性質の問題であるならば、人々が期待する程度に問題を解消し、目標を達成していくことができるか、というシステム能力とシステム容量の面から課題を提起しているのである。

自治とデモクラシーには、上に述べたように、民が主人公になって統治していくという点では共通しているものの、政体の人口や面積という面の規模が大きく、さらに政体の対応する問題の性質が複雑で問題の規模も大きい場合は、民主的対応の姿勢は示せても個々の小規模自治体の能力や資源をもってしては対処できないという限界点も生じるといってよい。つまり、デモクラシーという用語はいかなる政体にも適用されうる普遍性をもっているが、自治という用語を使用する場合は特定の、団体や集団や地域の運営に限定して適用されるようだ。その典型はアメリカ合衆国の自治体創設に見ることができるし、また、一般的には、大学の自治、町内会の自治、地域の自治、クラブの自治、各種団体の自治というように「限定的な自治」を指して使用されるのがその具体的な例である。したがって、自治システムは小規模性に価値をおいた限定的な特別の政治システムといってよいだろう。

これを普遍的に適用されるデモクラシーの政体に関連づけてみると、小規模体の自治システムが連携・連合して対応していけば、大規模かつ複雑で高度に専門的な問題にも有効に応えていくことができ、市民意思を反映させ、決定への参加機会も保障できる政治システムともなる。それは自治概念を活かしたデモクラシーということができるのではないだろうか。

ここに自治とデモクラシーの密接な関係性があるといえ、行政の便宜的で効率主義的な体制としての「広域市町村圏構想」や、民が主人公となる自治概念やデモクラシー概念の定着を遠ざける「市町村合併政策」は一度立ち止まって再考すべき段階に来ているのではあるまいか。そうすることによって真の自治行政に基づく地域の活性化も生み出されていくであろう。

なぜならば、地域衰退、地方消滅、地方の人口減少など、地方の弱体化を指摘するばかりで、そうした現象がなぜ生じているのかの十分な検討が疎かにされ、形式的で画一的かつ統一的な上からの目線で自治行政をみていくだけならば、経済的効率性は確保できても地域住民の意思や思いと地域ニーズを反映した、真の自治行政に基づく地域活性化方策には結びつかないと考えられるからである。

また、自治やデモクラシーの充実強化策に目を瞑り、ただ、地域活性化とか地方創生とかを叫ぶだけであるならば、真の地方創生も地域活性化も図れなくなるからである。

昨今、このような事情に気がついた地域住民たちは、現行制度に縛られて身動きのつかない行政の対応とは別に、地域の実情に見合った取り組み方を模索しつつ、多様な主体からなる地域運営組織を立ち上げながら「共助機能」を中心に地震や自然災害と、福祉や環境問題などへの様々な活動を展開し、かなりの社会的成果を上げてきている。

時代の進展に伴って最近では、活動資金の調達も端に街角に立って寄付行為を募るような方式だけでなく、オンラインを活用しながら幅広く資金を集めるクラウドファンディング方式を採用するようにもなってきている。赤い羽根募金活動だけでは真の寄付精神には結びつかないが、広く呼びかけることによって寄付の有する社会的価値を人々が身につけていくことにより共助精神が浸透し、それが地域の自治運営組織の形成にも結びついてきているのである。

このような現実社会の変容ぶりを観察していると、デモクラシーと自治とは一体不可分の関係にあることが理解されるし、その充実強化を図っていくことによって地域の活性化も具体的に示されていくと考える。

（注1）第3章は、かつて著者が日本都市学会において発表した内容に基づいている。荒木昭次郎「都市の規模と自治に関する若干の考察～デモクラシーの観点から～」（日本都市学会編『都市自治をめぐる学際的研究』（日本都市学会、1979年）23-31頁）を参照

（注2）この意味づけについては1960年代当時、参議院議員であった市川房枝先生の政治哲学に触れたことによる。この頃私は早稲田大学の内田満先生の下で「日本における婦人参政権獲得運動過程の研究」に取り組んでいて、戦前の資料が少ないことを内田先生に相談したところ、代々木にある「婦選会館」と館長の市川先生を紹介され、婦選会館資料室に通っているうちに市川先生とお昼をご一緒する機会に恵まれたのであった。その時の市川先生の政談論議内容による。

（注3）コプロダクション（coproduction）についてはヴァジニア大学留学中にスティーブンL・パーシー

（Stephen L. Percy）助教授から恩師であるヴィンセント・オストロム（Vincent Ostrom）インディアナ大学教授を紹介され、教授の「比較都市サーヴィス供給システム」（Comparing Urban Service Delivery System, Sage, 1977）を学んだことによる。なお、その成果は「公的サーヴィスの協同生産理論モデル―その実際的適用への批判的分析と評価」（季刊「行政管理研究」所収１９８５／12）として発表している。

（注4）内田　満『政治参加と政治過程―現代日本の政治分析』（前野書店、１９７２年）を参照

（注5）これについては（注1）に同じ。

（注6）Robert A. Dahl & Edward R. Tafte, “Size and Democracy”, Stanford University Press, 1973, pp1-53（cf）

（注7）日本都市学会編（注1）に同じ。

（注8）この図「小規模社会の自治機能・政治教育機能」の作成と内容説明は著者自身による。

◆◆第4章◆◆

政体規模と自治

地域住民の意思によってコントロールないし制御できる政治体としての自治体規模はどの位の大きさが相応しいのか、また、その理由は奈辺にあると考えられるだろうか。この点に関する日本での研究は、行政制度論的なアプローチが長年にわたって支配的であった。それは、自治体を政治体としてみるよりも行政体として捉える見方が一般的であったからである。この捉え方は日本において地方（自治）制度が制定され、その中に地方自治体の役割、機能をはじめ、国との関係等も規定されてきたからで、爾来、地方自治体は今日に至るまで行政体としてみる見方に馴化してきた。その結果、以下に述べるように、一般的には地方自治体の行政を「自治行政」とはいわずに「地方行政」と見なしてきたのであった。

1. なぜ「自治行政」は「地方行政」と呼ばれてきたのか

これにはいくつかの要因がある。その一つは日本の場合、アメリカ合衆国に見られるように、地域住民が自主的・自発的に自治体をつくるという観念がなかったからである。裏返していえば、主権体としての国家が自治体をつくるという、上からの目線による自治体創設の捉え方が強かったからである。

このことを反映して二つ目は、中央―地方の関係概念を主従の関係、上位下位の関係、支配と服従の関係として定着させてきたことが挙げられる。つまり、中央が親であり地方は子供である、中央が上位で地方は下位である、中央が中心で地方は周辺（center and periphery）であるという、一連の考え方が日本社会の隅々まで浸透し、それに異論を挟む余地が久しくなかったからである。

その結果、三つ目は中央に権力や権威や影響力が集中・集積していく一方、中央は偉いという位置づけを国民の意識の中に植え付け、中央集権主義を強化してきたのに対し、自主自律性を基調にする地方分権主義の自治的効用についての主張は弱く、地方分権主義を地域住民や地域社会に浸透させていくことができなかったからである。そればかりではなく、行政に携わる国・地方の公務員の間においてさえも集権的組織論理に左右され、横・横の原理に基づく組織上の分権意識の醸成が遅れてしまったからであった。

そのうえ、四つ目として、新しい憲法の下において国と自治体は併立・対等の関係として位置づけられるようになってきたのだが、そのことの重要性に関する認識は一部の憲法学者や制度論者の認識レベルに止まり、国・地方の行政実務に従事する者をはじめ、一般の市民社会においても国と地方の併立・対等の関係性についての認識は深まらず、不十分な認識状態が長く続いてきたことも影響している。

その後、五つ目としては、時を経るにつれ、地域社会にあっては社会状況の変化に伴って人々の自主自律性の発揮がみられるようになってきたが、地域の自治活動としてはそれも未だ不十分の段階に止まっていた点である。

90年代に入り、シティズン・エンパワーメントが世界各国においても主要政策として登場してきた。そして、日本でも地方分権問題に関する議論が俎上にあがりはじめ、地域社会では「地域住民の自主自律性に基づく地域運営とその基盤づくり」の方向が模索されだしたのであった。

この流れは時代の要請ともいえるもので、ときには地域生活の場に生起する問題の解決に当たり、自分たちの意思で解決策を協議し決定していくという行動様式をとるケースも散見されるようになってきた。だが、当時においては、そうした意識をもって自治活動を展開している地域は全国のすべての地域社会にみられたわけではなかったのである。

そうした活動を行っている地域の実際を仄見してみると、それは地域に生起する問題解決のために積極的に活動する地域リーダーと自発的・主体的に取り組む地域住民と当該地域の自治体首長とが協力連携し、わが地域を豊かにしていくという「自治文化」が根付いているところであって、いわば三者による協働型自治活動を展開しながら地域生活を豊かにしていくことを目指しているところであったのである。

この点、第1章の棚田文化にみたように、これこそが日本における真の自治行政と呼べる筋合いのものであった。だが、都市化時代の地域社会にあっては、その伝統とも思える地域の住民自治を基礎とする活動レベルまでは達していなかったのである。

六つ目としては21世紀に入り、地域社会における地域住民の活動が多様化をみせはじめた点にみられる。地域には様々な活動団体や活動集団が叢生し、それらが社会に貢献する活動団体や活動集団へと漸次成長していく。そこではそれらの様々な主体と地域住民組織とが協力連携し、お互いの異質性と異なる能力とを尊重し合って協働するようにもなり、さらに行政を補完したり、互いに下支えし合うようになったり、場合によっては行政と連携したりしながら地域社会の活性化を目指すようにもなってきたのであった。

こうした住民サイドの動きを反映して、自治行政にあっては地域活性化の方向を確実なものにしていくための制度化が図られ出した。そこでは、地域住民が有する様々な能力、技能、資源、労力、時間などを動員し、それらでもって地域活性化の成果を上げることを目的とした「協働条例づくり」[1]が進められるようになった点に見られる。今日では、それが全国各地の自治体で静かに普及してきているのがなによりの証左でもあろう。そこに自治行政の本質がなんであるかの認識が深まりつつあるといってよい。

七つ目として、行政の世界に目を転じると、国の指導や財政面の補助・援助に依存する体質が未だ自治体側に残存しているため、自治体の行政は「地方行政」という意識レベルに止まり、「自治行政」と呼べるほどには成熟していなかったからである。

しかしながら、明治憲法下の明治、大正、昭和前半の時代ならば兎も角として、新憲法になって地方自治の保障が謳われるようになった昭和22年以降、平成を経て令和の今日までの間に、地域住民の生活の場における自治意識の向上や自治的活動の活発化には目を見張るものが出てきた。加えて、NPOやNGOなどの活動も各地で展開されるようになり、それらと地域活動組織との連携活動が福祉や環境保全の分野や、地震や自然災害からの復旧復興の活動分野にも広がってきたのだ。

たとえば、特定の地域に限定されない各種団体や集団が地域の町内会や自治会といった住民組織と連携して社会貢献活動を展開する姿も見られるようにもなってきた。しかもそれらの展開状況を観察していると、それらの活動は自主自発な活動といった自治性に富み、しかも公的利益の実現としての社会的効用も大きいと評価される面も大きくなっているのである。

当然のことながら、そうした地域住民を母体とする公的利益実現のための人々の連携活動は、国・地方の行政の世界にも大きな影響を与えるようになってきた。それればかりではない。それらは社会の変化に対応して意識化した地域住民の日常生活の場における自治的活動にも波及し、それが自治体行政との関係にも強く投影されていくようになったのである。

この流れが地域住民の日常生活現場における自治的活動と自治体行政とを協力連携させていく道を切り開いていく。一般にはこれを地域住民と自治体行政との協力連携活動といい、それによって豊かで楽しい地域社会の創造を目指すようにもなってきたのだ。これこそが真の自治行政を確立していくための不可避の要件ともなってきて、いわゆる協働型自治に基づく自治体の行政という「自治行政」の本質に迫る自治的活動となってきたのであった。(2)

2．協働型自治が有効に働く自治体としての政体規模

地域住民の自治意識の高まりと自治的活動の広まりが自治体の行政にも強く影響していくという論理は至極当然のことかもしれない。しかもこの論理は、地域社会における自治の充実度合いを示す指標ともなりうるものであった。

では、地域住民の自治意識の高まりや自治活動の活発化はどのような条件が整えば、可能となり

向上していくのであろうか。

ここでは、その点を、どの程度の政体規模であればその構成員である人々の自治力で制御できるかとの関連でみていく。つまり、自治行政の充実強化を「規模の論理」と「自治の論理」との関連でみていくとどうなるかということである。

(1) 規模の論理から考える

一般に「規模の論理」は経済的な合理性追求を中心に「規模の経済論理」として展開されてきた。しかしその論理を自治との関連で見ていけば万全なものではなくなる。即ち、規模の論理は自治とデモクラシーの関係でみたように、政体規模が小さければ外部の大きな政体に攻め込まれる危険性があり、逆に、政体規模が大きければその内部の脆弱性によって自己崩壊の危険性に晒されるという二面性をもつからである。

それに対して「自治の論理」は、政体の規模が小さければ、政体構成員の意思と自治力によって政体の意思決定に影響を与えることができるし、また、政体を制御することもできるという、特別のデモクラシー理念として位置づけられる正機能論理を有する。だが、他方で、自給自足が可能な小規模社会であれば兎も角も、現代社会のように人々が一定の地域に定住せず、行動範囲を拡大して人間関係としての社会性や地域への帰属性といったものを希薄化させ、さらに、広範かつ複雑な問題を発生させるような大規模社会になってくると、それに対応する政体の規模も大きくなる。そうすると、住民の意思による直接的な政体の制御ないしコントロールも難しくなって、自治性が有する特別のデモクラシー理念も確保できなくなるという、小規模自治が有する特別の論理とは逆の機能論理に陥ってしまうのだ。

かくして「規模の論理」と「自治の論理」が政体のあり方に提起する、この二面性の論理をどのようにして乗り越えていくかが、つぎの課題となってくる。つまり、自治が有効に機能する政体としての自治体の規模はどのように描き出すことができるのかということでもある。

「規模の経済論理」にせよ「自治の規模論理」にせよ、上述の指摘はいずれの場合も正機能論理に限界がある、ということを示している。そうだとすれば、その限界に配慮せず、正機能論理のみを取り上げて正当化し、それに基づく政策を展開していくだけでは問題が残るといえるのではあるまいか。

たとえば、自治体の規模が小さければ、行政サービスの生産供給は効率が悪くコストが高くつくことから、自治体の規模を大きくしていくことで行政サービスの経済的合理性を高め、単位あたりのサービス生産供給コストの低廉化を図っていくという「規模の経済論理」に立脚したケースがそれに該当する。

この論理を政体規模の政策面に当てはめてみると、「規模の経済」の論理よろしく事業規模を大きくして単位製品のコストを下げる考えを応用し、自治体規模を大きくすることにより行政サービスのコスト引き下げ効果を狙った自治体の合併政策がそれに該当する。それこそが自治体の規模を大きくしてその運営の効率化を図っていくという、実際の「市町村合併」政策であったのだ。日本においては地方制度が制定されて以来今日まで、この政策が長きにわたって繰り返し推進されてきたことは周知の通りである。

その結果、自治体はその名に相応しく、自治の充実強化を図り住民意思によって大規模化した自治体という政体を制御できるようになってきたであろうか。また、特別のデモクラシー理念を確保し、政体としての自治体を民主的に運営できるようになってきたといえるであろうか。否である。人口規模が大きくなったり、面積が広くなったりすれば住民意思による政体コントロールは容易にはできなくなるし、また、政体の大規模化に伴って地域住民の社会性や地域への帰属意識は簡単には高まっていかなくなるからである。

そのことを反映して、最近、次のようなことをしばしば耳にすることがある。「行政の白地」地区が発生しているとか、地域が過疎化して地域社会が崩壊の状況に貧していているとか、少子高齢化の影響を受けて義務教育の学校の統廃合が進み、地域社会の拠点性がなくなってきているとか、などである。これらは自治体の規模を大きくしたことによる逆機能現象の現れであるともいってよいだろう。このような現象に対して、われわれはどのように立ち向かっていったらよいだろうか。この点、一考を要する重要な問題であると考えられるので、さらに一歩踏み込んで考察していかなければならないだろう。

前章で述べた、小規模政体が有する特別のデモクラシーの理念的価値を活かしながら、規模の論理につきまとう大規模化した政体の逆機能論理を乗り越えるアイディアはないものか、そして、その逆機能論理を乗り越えて正機能論理へと転換させる政体の有り様は構想できないものか、ということである。

これらのことを考えていくと、モンテスキューやミルが考えた連邦形成論や代議政論が参考になるようだ。そこでは確かに、主権体としての国家政体のあり方をデモクラシーの観点から論じたものであったが、ここではそれをヒントにして、どのような条件が整えば政体としての自治体が自治行政機能を発揮できるかという観点から、それの対象とする地域社会の現場を観察・分析し、自治論理に基づく政体としての自治体の規模を素描してみる必要があろう。

市町村という基礎自治体は、何よりも地域住民の自治意識と自治的活動を基礎にして運営されていかなければならない。そして、この基盤を確立して充実した自治行政機能を発揮していくことが基礎自治体としての第一義的使命となる。そうだとすれば、基礎自治体の基本姿勢としては地域住民の意思と意向を背景にした地域の意見を纏め、それに基づく住民の自治的活動を展開しやすくし、その成果をもって地域社会が豊かになっていくように国家政策にも反映させていかなければならないだろう。

その具体を、基礎自治体の現場で展開されている様子から見ていく。それによると、規模の論理につきまとう逆機能論理を乗り越えた、じつに様々な手法が取られている実体をみることができ、それらを分析することにより基礎自治体のあるべき規模形成の論理も見えてくるにちがいない。

（2）政策主体としての自治体の有り様から考える

まず基礎自治体が政策主体となって自ら政策をつくり、それを実行に移して地域住民のために成果を上げていくようになったのは、制度的には昭和45（１９７０）年からである。だが、それは、あくまでも制度（地方自治法）上のことであって、基礎自治体が実質的に政策をつくり始めたのはそれから10年ぐらい経ってからといってよい。

というのは当時、基礎自治体には政策形成機能を果たす行政の専管組織さえ整備されていなかったからで、その整備には10年ほどを要したということである。いくら制度的に政策主体と謳われていても、自主自律的に政策をつくる経験も技法も人材も財源もなく、しかも政策機能を担う専管組織も確立していないような状態の基礎自治体にとって、政策機能発揮に時間を要したことは無理のないことであった。また、半世紀以上も前における基礎自治体には政策づくりの権限、人間、財源という「三ゲン」が整っていなかったし、不十分な政策体制のままでは確かに、地域住民の意思に基づく自治行政機能が発揮できなかったことは容易に察しがつく。

その時代から今日までの間に社会も基礎自治体の行政も地域住民も大きく変わってきた。その変化の過程において先の逆機能論理を乗り越える自治行政の工夫は一体、どのようになされてきたのか、次にそれをみていこう。

(3) 政策形成過程に見る住民と行政

先ず、地域住民と基礎自治体の行政との政策形成をめぐる遣り取り段階からみていくとしよう。

第1段階は、住民側からの行政に対する初歩的な質問からはじまる。それは、政策づくりとはなにか、この地域の政策づくりとはどういうことなのかということであった。一般的に政策とは、地域住民が暮らしている地域社会のあるべき姿を地域住民の意向に基づいて設定し、それを達成していくための人々の意識的な活動ということができるが、そのためには地域住民が実感している生活の場の状態を多角的に観察・分析するという、現状を把握していくことからスタートする。これには生活者としての地域住民の声を基礎としなければならないし、行政はそのための知識や技法を有していなくてはならない。もし、それが不十分であれば多様な能力や技法を有する地域住民の力を借りる必要があるのだ。

第2段階は、地域住民の意向をはじめ、客観的調査データの分析を通じて「あるべき地域社会の

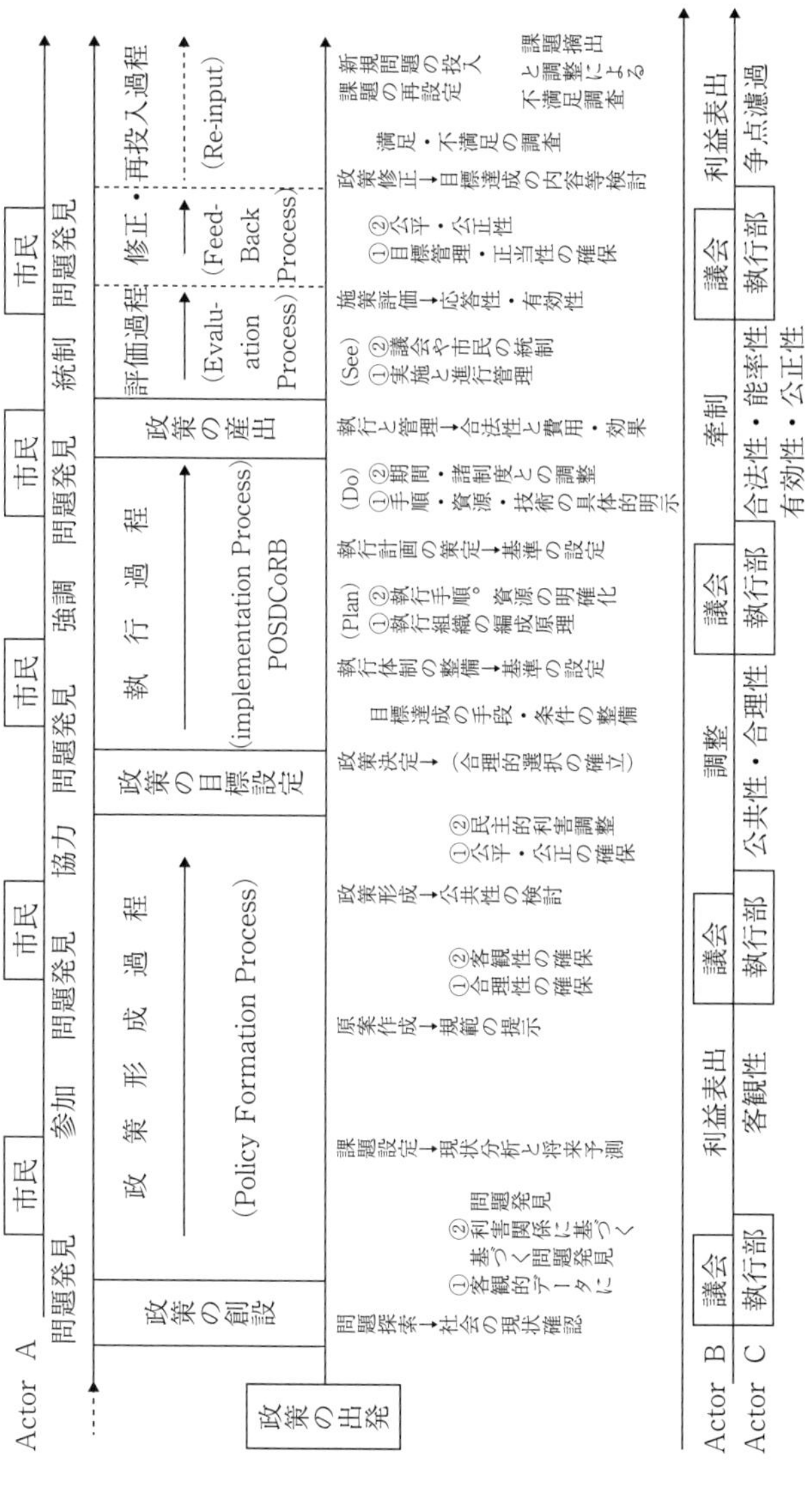
Actor A
問題発見
市民
参加
問題発見
市民
協力
問題発見
市民
強調
問題発見
市民
統制
問題発見
市民
政策の出発
政策の創設
政策形成過程
(Policy Formation Process)
政策の目標設定
執行過程
(implementation Process)
POSDCoRB
政策の産出
評価過程
(Evalu-ation Process)
修正・
(Feed-Back Process)
再投入過程
(Re-input)
問題探索→社会の現状確認
①客観的データに基づく問題発見
②利害関係に基づく問題発見
課題設定→現状分析と将来予測
原案作成→規範の提示
①合理性の確保
②客観性の確保
政策形成→公共性の検討
①公平・公正の確保
②民主的利害調整
政策決定→(合理的選択の確立)
目標達成の手段・条件の整備
執行体制の整備→基準の設定
(Plan) ①執行組織の編成原理
②執行手順。資源の明確化
執行計画の策定→基準の設定
(Do) ①手順・資源・技術の具体的明示
②期間・諸制度との調整
執行と管理→合法性と費用・効果
(See) ①実施と進行管理
②議会や市民の統制
施策評価→応答性・有効性
①目標管理・正当性の確保
②公平・公正性
政策修正→目標達成の内容等検討
満足・不満足の調査
課題の再設定
新規問題の投入
不満足調査
と調整による
課題摘出
Actor B
議会
利益表出
議会
調整
議会
牽制
議会
利益表出
Actor C
執行部
客観性
執行部
公共性・合理性
執行部
合法性・能率性
有効性・公正性
執行部
争点濾過

姿」を描き出すことである。その成果を住民に訴え、意見を拝聴して纏め、その結果に基づき、規範となる「あるべき地域社会の姿」を目標として設定する。そして、現状から目標に近づけていくために必要な諸要素を多角的に検討し、現行制度との調整を図ったうえでの基本計画を策定しておかなければならない。

第3段階は、現状から目標の達成にかけての時間、投入財源、必要な知識と技法、労力、諸制度との調整、地域住民の支持と協力、達成のための難易度の提示、国や他の自治体への要望や協力要請、住民への経過報告と修正や評価についての了承を得ることなどを、議会のチェックを受けながら執行計画を提示し、そのうえで実施に踏み切っていくことを地域住民に対して公表しなければならない。これは目標達成のための諸資源の配分計画であり、地域力を発揮してもらう計画化でもあり、また、施策実施に伴う手法、手段の明確化でもあって、政策の実施と分析の徹底を図っていく上での、欠かすことのできない実施計画の提示でもある。

最後の第4段階では、こうした政策づくりは地域住民との二人三脚的な側面が多分にあり、行政がイニシアティブを取っていくにせよ、すべての地域住民に分かりやすい政策用語と内容でなければならない。その意味で、第1段階から第3段階にわたって使用される政策用語はその意味規定を分かりやすく明示しておくとともに、政策の明瞭性を確保し、地域住民の政策内容に対する理解の促進を図っていかなければならない最も基本的なことがらである。

こうした地域住民と自治体行政との遣り取りは1970年以前にはほとんど見られなかったが、制度的に政策主体として基礎自治体が位置付けられて以降、さらに基礎自治体の政策づくりは様々な面で進歩していく。

(4) 政策づくりに見る手法と特徴

そこでつぎに、そうした政策づくりの特徴と手法をみていくとしよう。それには以下のような4点が指摘できそうである。

一つは当時、地方分権に関する議論が深まっていくとともに、公共を担う多様な地域組織、たとえば、町内会、自治会、近隣住区、組、行政区、PTAといった既存の住民組織と、新たに社会貢献を意識した地域の文化・スポーツ・福祉・環境などの活動団体や活動集団の組織との連携活動が台頭してきたことである。そして、この既存組織と新たに誕生してきた団体や集団とが社会公共のために連携し合って社会的利益の実現を目指すという重要な役割を担いはじめた。そのことの社会的、自治的意義は頗る大きいといわざるをえないのである。

二つは、世界的な流れとしての市民力向上(シティズン・エンパワーメント)の方策が日本における地域社会にも伝播し、それが地域住民にも大きな関心を呼び起こすようになった点である。とりわけ、都市化の影響を受けた地域社会では行政依存型市民を生み出すことになった結果、それを反映して基礎自治体も行政の肥大化と財政の困窮化を招き、行財政の改革に取り組んでいかざるを得ない状況に追い込まれた。そして、その行財政改革には、自助、共助、公助の均衡ある取り組みを促す考え方が中心的な柱となっていたのである。このことが何を意味するかについて理解しはじめた地域住民は、住民の行政依存が自治体の財政逼迫の大きな要因になっていることに気づきはじめた(3)。そうであるならば、それまで行政に依存してきたもののうち、自分たちで対応できる領域や行政に依存しなくても済む事柄もあるのではないかというように、住民同士でも考えを廻らすようにもなってきたのであった。

これは、公私連携による公共利益の実現をめざすという「新たな公共の担い手」(パブリック・プライベイト・パートナーシップ＝ＰＰＰ) 構想に結びついたのであった。この方向は欧米でも市民の自主自発的な社会貢献たる「公共の担い手」としての市民活動と同じであり、わが国における地域住民の市民力向上を示すものであったといってよい。

三つは、基礎自治体の政策形成過程に地域住民がどのように参画していくか、そして、いかに協働していくかについて熟慮し、その手法の開発を行政に任せるだけでなく、地域住民が有している様々な資源を動員することにより住民のニーズに広く対応し、住民の理解と協力を得ながら地域社会を活性化していく方向での政策へと発展させていったことにみられた点である。

たとえば、地域社会の課題発掘とそれらの要因究明はその地域で暮らしている地域住民こそが最も早く気づき、最も深く理解している。そのような地域住民からなるアクターたちが政策形成過程に参加し参画していくことは政策の有効性、効果性、経済性を確保していくための基本になるものであった。

また、各アクターは老若男女からなる集団や団体でもあり、それらの幅広い地域住民が有している能力・資源・ノウハウ・技法・労力・時間などは政策形成の大きな力となる。このことは、政策過程全般にわたって有効性が高く、地域住民が諸資源をそれぞれ出し合い、協力連携しあっていけば、住民自治力の向上と政策の実効性を高めていくに違いない。さらには、そうしたアクターと行政との協力連携手法を開発し実践に結びつけていけば、それが協働条例づくりの基本となる途を切り開く。このようなことが基礎自治体レベルで進められるようになった点は大いに評価できる点であろう。

四つは、このところのＩＴの発達と情報伝達手段の発展には目を見張るものがある点である。それらを政策過程全般に活用し、より精度の高い政策へと高めていくためには、多様なアクターの英知を結集し、課題探索から原因究明、その課題の解消策などをＩＴ技法によって構築していく。そうした情報技術活用に当たっては地域住民の技術力応援と一定のルールを制定して個人情報に抵触しないで取り組める方式を確立して進めていかなければならない。現在、その点につき検討を深めているところであり、その実現が期待される。

（5）事例に見る政策づくりの基盤と規模（掛川市の例）(4)

以上のように、基礎自治体の政策づくりは地域住民との協働型へと進展してきているのであるが、つぎに、その具体的な例をいくつか取り上げて自治体の規模論理の参考に供するとしよう。

一つ目の例として、静岡県掛川市における住民主導型の「新たな公共事業」を例として取り上げる。

掛川市は静岡県西部に位置する人口8万ほどの都市である。東海道新幹線や東名高速自動車道といった交通網の要所沿いにありながら、新幹線の駅もなければ高速道のインターチェンジもないところであった。そのような状況に置かれていた市民たちは市政に対してそれらの設置を強く要望していたのであった。だが、それには巨額の資金が必要であり、掛川市規模の財政力では難しいことでもあったのだ。

そうした折、掛川市森林組合の組合長であった榛村純一氏が1977年の市長選に立候補して見事当選を果たした。このときの選挙公約は「生涯学習都市宣言」であり、その哲学は「向都離村の社会は地域と両親を否定するものであるから、その向都離村の考えから脱却し、人は互いに学び合い、連携し合い、そして協働し合うことを社会の原点として自覚し、それを基礎にまちづくりを進めていかなければならない」ということであった。この哲学の実践が新幹線駅の設置や東名自動車道の掛川インターチェンジ整備で見られた。それらの整備事業は地域のためであり、そうであればこそ地域住民が主体になって事業を進めなくてはならない。そのために地域の住民や企業に寄付を募り、一世帯あたり10万円相当の約30億円を集め、住民主体の事業として駅舎兼物産館や駅前広場の整備とインターチェンジ整備を進めることができたのであった。

筆者は榛村市長と二度にわたり対論する機会をもったが、いずれの場合も口癖のように主張されたことがある。それは自治の本質を貫く次のような考え方であった。

一つは、公共事業のあり方についての考え方で、その事業は誰のための事業であるか、何のための事業であるのか、その事業主体としては何が望ましいのか、ということを常に考え、議論をし、明瞭化していくということであった。

その二つは、住民は要求し続ける、行政はそれに応え続ける、という循環サイクルで進めば、いつまで経っても住民も地域も自治主体になり得ず、それでは他力本願の自治に成り下がって「他治」や「官治」に陥り、真の地方自治は育っていかない、という主張であった。

この考えは、1977年から2005年までの7期28年にわたって掛川市政を担ってきた市長としての持論でもあって、地域や住民はただ要求する主体ではなく、自らが事業主体となってやれる範囲のことをやっていく主体でなければならない、とのことであった。このことを実践していくために掛川市では毎年、予算編成の前に、小学校区程度を基礎に、地区住民と行政とが地区が抱えている問題と全市的問題について意見交換をし、少ない予算で多くの住民要求に応えていく方法を議論していくとともに、住民が主導しながら課題処理が可能な具体的事業を決め進めているとのことであった。この具体的内容がNHKのクローズアップ現代という番組でも放映され、「新しい公共事業」の姿として全国的な注目を浴びたのであった（2002年11月18日放映）。

こうした住民主導型の「新たな公共事業」は毎年、掛川市では300カ所以上に達しており、少ない予算で多くの事業が可能になるばかりでなく、それ以上に地区住民が主体的かつ自主自律的に取り組む自治の充実強化とその後の維持管理においても住民力が発揮されていくということであった。これこそが真の自治を自分たちの手によって実践していく姿であり、フランスにおけるコミューンの姿に近いものともいえそうである。つまり、自治権は地域住民にあることを前提にしたその姿は、多様な能力を有する住民たちが互いに協力連携し、地域が直面している諸問題の解決処理を図っていくことの基本的枠組みを示すものであったからである。

このことは単一主体では解決困難な問題でも多元的主体からなる協働型自治システムでは可能になるという協治理論の提示でもあった。こうした理論に沿った実践こそが横・横原理に基づくところの、多様な主体の相互依存と相互補完による協治活動であり、真の自治行政の姿といえるのではなかろうか。

このケースから自治の規模論理を考えると、地域に愛着を持ち、その地域を豊かな空間にしていきたいと考える人たちが協力連携し合える規模、ということが浮かび上がる。それを小学校区程度に設定し、人口規模を2000~8000人ほどにしているようだ。つまり、特別のデモクラシー理念を確保して自治機能を発揮できる、そのような自治の原単位を小学校区程度の規模に設定しておけば、地域住民は地域に帰属意識をもち、地域の目標を共有し、それぞれが有している資源や能力を出し合って地域を豊かにしていくことができるという考えである。

自治の規模論理から見ると、この考えは英米独仏伊における基礎自治体の立場と類似している。要は、この自治の原単位規模にいかなる機能を配分していけばよいかということであり、アメリカの自治体創設過程に見たように、その地域の特性に合った自治体としての機能を住民意思によって決めていく、ということにあるのではなかろうか。

地域住民の意思反映なくしては自治行政とはいえないわけであり、それは協働型自治を通して可能となるものである。しかも必要に応じて近隣の自治の原単位と連携し、地域住民の意思によってコントロールできる「政体としての自治体規模」を設定していけばよいのではないかということになる。

これまで日本における自治体は行政体としての側面からのみ見られ、行政の経済性、効率性、効果性という行政の3Eの側面と、縦原理に根ざした中央—地方関係の視点から自治体の規模が捉えられてきた。榛村市政はそうではなく、自治は人々が協働し合う社会を原点にして自治体の規模を考えるべきだということを、掛川市政における実践を通じて示唆していたといってよいだろう。

（6）事例に見る政策づくりの基盤と規模（三島市の例）

今一つの具体例は、静岡県東部に位置する三島市のＮＰＯ法人の活動である。この例はイギリスのグランドワークトラストを参考にし、１９８８年頃から三島市民、企業、行政が一緒になって「グランドワーク三島実行委員会」を立ち上げ、三島市内各所で地域の特性を活かした環境改善のための活動を展開している例である。

筆者は昭和から平成の時代へと移り変わる頃、財団法人地方自治協会（現一般財団法人地方自治研究機構）からの依頼を受けて「協働型自治行政の調査研究」に従事したことがある。この調査研究では欧米諸国における協働型自治の実際と日本におけるそれとの比較を行い、住民自治の充実強化方策を考究していくことにあった。

この現地調査で応対し、活動の内容について説明役を担ってくださったのは、静岡県庁の職員で、三島市民でもあり、「グランドワーク三島実行委員会」（現ＮＰＯ法人グランドワーク三島）の事務局長でもあった渡辺豊博氏である。

渡辺氏は県庁マン（１９７３年）になって15年経った頃、地域総参加による源兵衛川親水公園事業の企画を担当する。このことがキッカケになって故郷三島市で、英国発祥の「市民・ＮＰＯ・行政・企業がパートナーシップを組むグランドワーク（環境改善活動）」方式を、日本で最初にはじめたのであった。

いうまでもなく三島市は「水の都」である。それは富士山の地下水系に属する湧水や河川が市内各地に点在し、市民生活と深く結びついた「水の文化」を形成していたからである。

新幹線三島駅前から南へ1・5キロの長さにわたり「水の都」の代表ともいえる源兵衛川に清冽な多くの湧水が流れ下っている。だが、昭和30年代の高度経済成長政策の影響を受けて以降、その水辺環境が悪化の一途を辿り、源兵衛川には各種ゴミが投げ捨てられ、雑排水が垂れ流され、悪臭を放つ、汚れた川になってしまっていたのである。

この状態から昔の「水の都・三島」の原風景・原体験をいかに再生させ、復活させていくかが三島市民の喫緊の課題であったのだ。渡辺氏は「富士山の湧水には多くの溶存酸素が含まれていて、水が新鮮でみずみずしく、冷たく、美味しい飲料水ともなる。また、川遊びに興ずる子供たちの歓声が水辺周辺の緑の回廊にこだまし、源兵衛橋の欄干から水中に飛び込む水しぶきの音が水辺に響き渡っている。子供たちの目は輝き、清冽な湧水の冷たさに震えながらも何回もダイビングを繰り返している。まさに、水遊びの楽しさと醍醐味に陶酔している姿であり、私の子供の頃の思い出にも重なる記憶、風景といえる。」と語り、そうした水辺再生に取り組んでいるとのことである。

その取り組みは、源兵衛川の現在と過去の水辺環境の比較を通じて、市民力と地域力を結集させたＮＰＯやボランティアの潜在的な力や能力が人々の心を変え、環境改善の具体的な行動へと導くところの、「手法とノウハウ」を把握することでもあったのだ。

その第一は自然と人間が共生していくための知識やルールを生活の現場から学ぶことであり、第二はその具体を自らの実体験を通じて身につけていくことでもあった。たとえば、河川上流に住む人々は下流に住む人たちのためにゴミを捨てたり小便をしたりして河川を汚してはならないという規範を身につけることであったのだ。第三は自然の怖さや社会のルールの大切さ、現地年配生活者の助言の重要性を学ぶことにあった。なぜなら、人は一人では生きていけない社会的存在であるため、他者と地域の特性に基づく社会的規範をつくり守っていく必要があるからである。第四は日常生活の中で源兵衛川は水辺の実践教育の場の重要性を教えてくれるからである。つまり、水辺の体験を通じて人々は自然や人間を大切にし、そして心豊かな、優しい大人に成長して、その上、ふるさとの自然環境を保護・保全し、自発的、主体的に自然と共生していく手法を身につけていくからである。

これらの活動に内在している重要な点は、生活者起点から自然との共生のあり方をみていることにある。ということは、人々が川沿いに住みついて生活している範囲でもって自然との共生や人々の社会性を見ているということでもあったからである。

このことを自治の規模論理から考えると、地域コミュニティの規模程度であれば、上に述べたような役割機能を自治的に果たしていけるということである。源兵衛川の長さが三島新幹線駅南側から1・5キロしかないことからも人々の生活と水辺環境の関わりは地域コミュニティの地理的範囲といえるし、その範囲であれば、生活者はこの空間を自治的に運営していけるということではないか。

源兵衛川沿いを案内していただきながら、水辺散策路の設置や川沿いの住宅に石段をつけた水遊び場の設置、さらには住宅と住宅の間に空き地があれば市民の手作りによる公園化を推進し、そして、市行政や市内企業や市民ボランティアの協力連携による湧水公園づくりを進めていく。

とくに、「三島ゆうすい会」が中心となって１９９５年から継続的に整備を進めている湧水公園は、「三島梅花藻の里」「清住緑地」「みどり野ふれあいの園」「鎧坂ミニ公園」「鏡池」「沢地グローバルガーデン」などに見ることができ、その管理も然りである。

その後、１９９９年に同会は「特定非営利法人グランドワーク三島」として認定を受け、「豊かな環境づくりをテーマとして住民アクションを」、「市民、企業、行政によるパートナーシップ」、「環境を創造していく具体的活動を」という三つのスローガンを掲げて、川の再生、三島梅花藻の復活、公園づくりなどの実践活動を続けてきている。そして、２００１年にはこの法人への所属協力団体は20団体にまで増え、全市的規模で環境問題に取り組んでいけるようになっているとのことである。

このことから理解されることは、自分たちの目の行き届く範囲で、自然との共生という原体験を積み重ねていけば、それが基礎になって政体としての自治体規模のコントロールも制御もできることを示している、ということである。

3．自治行政機能が有効に働く自治体規模の決め方

本章で論じてきたことのまとめとして、自治体の適正規模はあるのかないのか、仮に、そのような自治体があるとすれば、どのように捉えていけばよいか、ということを整理しておく必要がある。

まず、規模の経済論理から考えれば、自治体の規模は大きい方がよいということになる。それは基礎自治体における行政サービスの生産供給コストが大量の生産供給になれば単位あたりのコストが低減していくという経済的合理性追求の論理であって、規模が大きい自治体になればサービスコストは低減し、住民の税負担は安くて済むところから住民の支持を得やすい側面をもつ。したがって、この論理に立脚する大規模自治体化の合併政策は、地域住民が行政サービスの選択ができなくて制度的に画一化しているような日本の基礎自治体の場合は、上からの目線からすれば進めやすく、行財政力の脆弱な日本の基礎自治体はそれに従順にならざるを得なかったのである。しかし、アメリカ合衆国の自治体のように、住民が行政サービスの選択権をもち、個々のサービスコストが個別税で賄われる方式をとっているところや、フランスのように、個人主義が強く権力を市民の手

にしているようなコミューンの場合は下からの目線による政策が進められやすく、上からの目線を嫌う傾向が強い。つまり、規模の経済合理性の追求を重視して自治体の規模を考えたり、広域化や自治体合併政策を簡単に進めたりしてはいないということである。

つぎに自治の規模の論理から整理してみる。先駆者たちの政体規模論を参考にしながら、住民自治を効果的に発揮し、自治行政を円滑に営むことのできる政体としての規模はどのように捉えたらよいかということである。先駆者たちが提起した民主政治理論のジレンマは、人民の政体に対する効果的な制御、決定の政治的合理性の確保、平等と参加、友情と合意などの有効性が規模の大小に拘わらず維持していけるかどうかであった。つまり、規模の大きい政体が有する政治的価値と規模の小さな政体が有する政治的価値を、如何にしたら同時に確保し機能させていくことができるかということであったのである。

自治機能の充実強化という側面だけから考えると小規模自治体の方が有効性はあるといえるが、しかし、社会の進歩発展に伴って政体規模は大きくなり、また、対応すべき問題も複雑化・大規模化していくために、人民による政体コントロールも制御も効かなくなってしまう。このジレンマ解消策として構想されたのが連邦制や代議制であったのだが、これを基礎自治体レベルで考えるとどうなるかであろう。

掛川市や三島市の例は、現実の住民自治強化策の具体例として取り上げたものである。いずれの自治活動の区域も小学校区規模であり、人口は2000〜8000人規模であった。これをもってすれば、地域住民が主体的に、自主自発的に自治能力を発揮できるので、それが自治の基礎単位になるのではないかということである。そして、政体としての基礎自治体の規模を考えるとすれば、この自治の基礎単位をいくつぐらい連合させた規模であれば、地域住民の意思と意向が最も効果的に反映され、政体としての基礎自治体を制御しながら運営していけるか、ということになろう。このように考えると、それは究極的には住民の自治力によって決められるのであって、法制度的、画一的基準でもって基礎自治体の規模を決定していくものではないと思われる。

フランスの民間研究団体であるクラブ＝ジャンムーランの研究[5]によれば、コミューンの自治はそのコミューンの構成員の意思と意向によって営まれることを本義としており、上位政府がコミューンの規模を決めたり、コミューン自治の運営に口を挟んだりするべきではないということであった。アメリカ合衆国のミュニシパリティの場合も自治区域や人口や運営仕組みやサービス内容を住民主導型で用意し、それで自治を営むことができれば州政府は自治体として認める方法を取っている。現代日本の地域社会においても市町村という基礎自治体が少しでも住民主導型で運営できるような実践枠組の途が用意されれば、住民主導で行政が下支えする方式の、真の自治行政の道を歩いていける段階に来ているのではなかろうか。

（注1）90年代において私は市町村アカデミーをはじめ、全国各地で「協働条例づくり」に関する研修講義を行ってきた。２０００年に熊本に移り、県内の菊池市、八代市、熊本市、大津町などでも講義する機会をもった。

（注2）荒木昭次郎『協働型自治行政の理念と実際』（敬文堂、２０１２年）の中の第二部と第三部をここでは参照している。

（注3）荒木昭次郎「自治行政における市民参加の発展形態～第2世代の参加論としての公民協働論～」（社会保障研究所編『社会福祉における市民参加』（東京大学出版会、１９９６年））所収２０９-２２９頁参照

（注4）荒木昭次郎『連帯と共助が生み出す協治の世界―豊かなスモールネス社会をデザインする―』（敬文堂、２０１９年）１８８-１９１頁

（注5）クラブ＝ジャンムーラン編『広域行政―権力を市民の手に』荻田保監訳　荒木昭次郎・寄本勝美訳（les Citoyens au Pouvoir 12 Régions 2000 Communes）（鹿島出版会、昭和45年）参照

◆◆第5章◆◆

自治機能の充実強化と地域運営

地域社会が地域住民によって上手く運営されていくかどうかは、個々の住民の社会性に基づく自治力がどのように発揮されているかに掛っている。そうだとすれば、地域住民はその自治力をどのようにして身に付けてきたのか、また、地域住民はそうした自治力を習得し発揮していくために何を必要としてきたのか、を把握しなければならないだろう。これらについては既述してきた内容と関連づけて整理していけば、その実相が浮かんでくるにちがいない。

ここではそのために、まず、自治機能の社会性が確保されているかどうかを見極めていく。つまり、人と人の関係という社会性が日常生活の場においてはどのようにして生成され、また、それがどのように維持されながら将来に向けて高められようとしているのかをみていく必要がある、ということだ。

つぎに、地域社会における人と人の関係の変化と自治機能とはどのような関係にあるのか、つまり、地域社会において人と人の関係が濃くなれば自治機能はどうなるのか、逆にそれが希薄化していけば自治機能はどうなるのか、ということである。このことが明らかにされていけば、地域社会の運営は両者の関係がどのような状態のときに円滑にいくのかが分かってくるであろう。したがって、望ましい地域社会の運営には地域住民の相互関係作用がどのような状態にあるときが最適かを析出していく必要がある。

そして、最後には、地域において自治機能が活発化したり、脆弱化したりしていくのはいかなる理由によるのかを明らかにし、あるべき地域社会の運営とそのための自治機能発揮の姿を論理的に説明していかなければならないだろう。

そこで本章では、地域社会における自治機能の変容をみていくことにするが、その中でもとりわけ、どのような人間関係環境の条件が整えば地域社会の自治的運営は円滑に営むことができるようになるのかにつき、以下の行論で述べていくこととしたい。

1. 自治機能の社会性の確保

地域社会が円滑に運営されているかどうかは、その地域社会を構成している住民たちの相互関係作用が上手く働いているかどうかによる。それを見抜くためには当該地域の自然地理的空間と社会経済的空間と文化・教育的空間の環境がいかに良好な状態に維持されているか、あるいは維持する努力が払われているか、を観察し分析していかなければならない。それには、それらの空間環境を共有している人々がその環境状況についてどのように認識しているかを把握することから取り組んでいく必要があろう。いわば、地域で暮らしている人々が当該空間を自然地理的、社会経済的、教育文化的諸側面からみてどのように認識しているかを把握することである。それには地域の人間関係環境が良好であるかどうかを、当該地域に生起する問題を通じて理解していくことが有益である。

そこではどんな問題が生起し、それが住民生活にどんな影響を与えているか、原因は何かを探り、問題の本質を知り、そして理解を深めていかなければならない。その上で人々はどのようにその問題を解決していくべきかについて考え、そして、どのように対応していくかの方策を立てていく必要がある。

人々の関係が良好であるならば、人々は意見を交換し、熟議していくに違いない。しかしなが

ヴィンセント・オストロム教授のコプロダクションの理論[1]

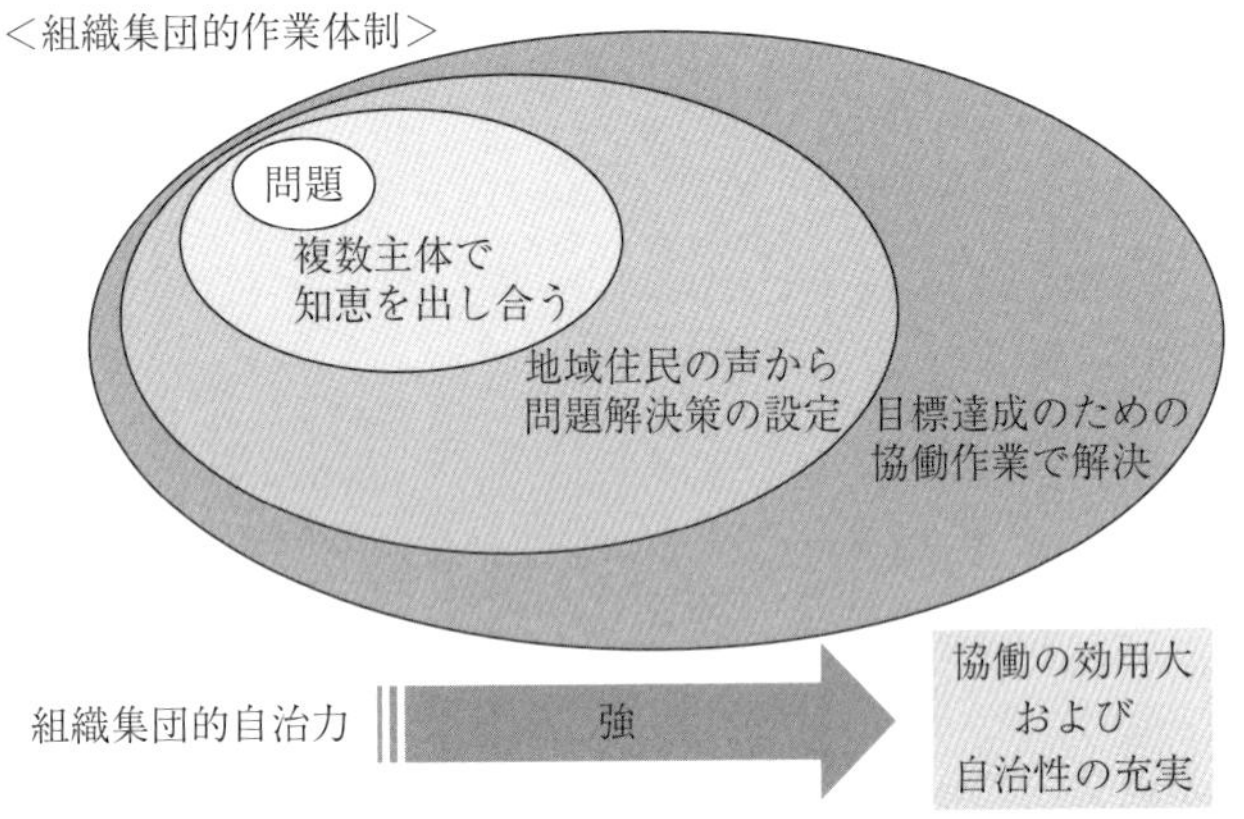

ら、当該地域で生活している人々の関係が個化現象に陥り、関係性が希薄化した状態になっているとすれば、地域社会の問題に対する人々の共通認識は得られなくなる。この点、第2章で取り上げた多摩ニュータウン住民の自治意識調査からも理解されるところである。

したがって、地域住民が知悉している問題というのは地域住民同士の相互関係作用が有効に働いた結果であり、それは共通認識化された問題ということができる。

その実態は、問題が人々の日常生活に何らかの影響を与えていることの認識から始まっている。その解消策についても人々の意見表明や話し合いという熟議を重ねていくことにより、各自が有している能力や資源を出し合って問題を解決していくという流れとなる。そうした流れは、自助・共助の意識と行動に立脚した、シェアリングの考えに基づく人間関係作用が有効に働いた結果にほかならない。だから、そのような地域住民の自主自律的な活動によって豊かな地域社会を創造していくというのは、地域住民の日常生活における自然の営みといってよい。これは第4章でみた掛川市や三島市の市民活動による「新たな公共事業」や「ＮＰＯ活動」の取り組みをみても理解されるのではないだろうか。

このように地域住民の日常的な営みによって豊かな地域社会をつくりだすという過程は、地域住民同士の相互依存・相互補完の関係作用を基礎として展開されるプロセスであり、そういうことの実体験を通じて地域住民は必然的に熟議の有効性を身につけていく。そして近年、人々は地域における人間関係環境の良好さが豊かな地域社会をもたらしていくという可能性を実感してきているのである。そればかりではない。地域社会における良好な人間関係環境がいかに大きな社会的効用をもたらしてくれるかについても覚らせてくれたのである。このことは日本社会の基底を貫く自治的文化遺産ともいうべきものであり、一過性のものではないということができる。

このような洞察から、地域社会における人々の話し合いと良好な人間関係環境の関係が何を生み出すかは、その実体を通して明らかにされていくにちがいない。

そのことに視点を移すと、地域社会における人々の日常生活に何らかの影響を与える「問題」が、地域社会における「熟議の可能性や良好な人間関係環境づくり」の役割を担っているようである。

つまり、地域の日常生活の場において生起する問題が、地域における人間関係と地域運営との「媒介項」となり、豊かな地域社会を創造させていくということになる。

この「媒介項」の役割を果たす「問題」は良きにつけ悪しきにつけ人々の日常生活に影響を及ぼすものであり、それ故に、人々にとってそれは日常的な普段の出来事であり、特段の問題となるものではない。だから、人々はそれをめぐり率直な意見交換が容易にできるし、互いの意思疎通も円滑に図れるようになるのだ。このような「媒介項」としての役割を果たす「問題」は、地域住民にとって豊かな地域社会を生み出すための重要な鍵になっているのである。

この豊かな地域社会の創造を目指すプロセスは先ず、人々が共有できる日常生活上の問題知覚から始まる。つぎに、その問題解決のために地域住民が意見を交換したり協議したりするという熟議へと進み、さらに、分かち合いの精神でもって各自が有している能力や資源を動員し、相互に協力連携しながら目標達成に向けて活動していくことになる。そのために必要な協働条例づくりや各自の自主自律的な自治的活動に繋がる「協治精神の発揮」が、こんにちの地域活性化や豊かな地域づくりへと結びついていくのである。このプロセスこそが地域社会における自治機能の社会性の確保にもなっていくといってよい。

2. 人間関係の変化と自治機能との関係

現代社会は自給自足の生活が困難な社会であるといわれる。それゆえ、人々は日常生活において相互依存・相互補完の関係を円滑に働かせることにより良好な地域社会を創出していかなければならなくなってきている。だが、そのような地域社会に到達していくためには、人々の自治力が発揮しやすい環境条件の整備が必要とされるわけで、そこに、これまでの都市社会概念にプラスした新たな概念構成要素が浮上してくる。

これまでわれわれは、かつての濃厚な人間関係の社会と呼ばれてきた中山間地の「農村集落社会」をはじめ、定住期間が短く移動率が高いがゆえに地域への帰属意識や地域における人間関係が希薄化していた「都市化社会」を経験し、さらには、人口移動が落ち着きを取り戻して都市部への定住性を強め、経済社会の発展に伴う生活の豊かさを享受できるようになった「都市社会」といった社会を経験してきた。

ここではその都市社会とは異なる新たな概念構成要素を内包し、そして、一段と成熟した「社会」といった点に注目する。それが今、日本の地域社会においてどのようにして芽生え、姿を現わそうとしてきているかをみていくとしよう。

●公的性の概念

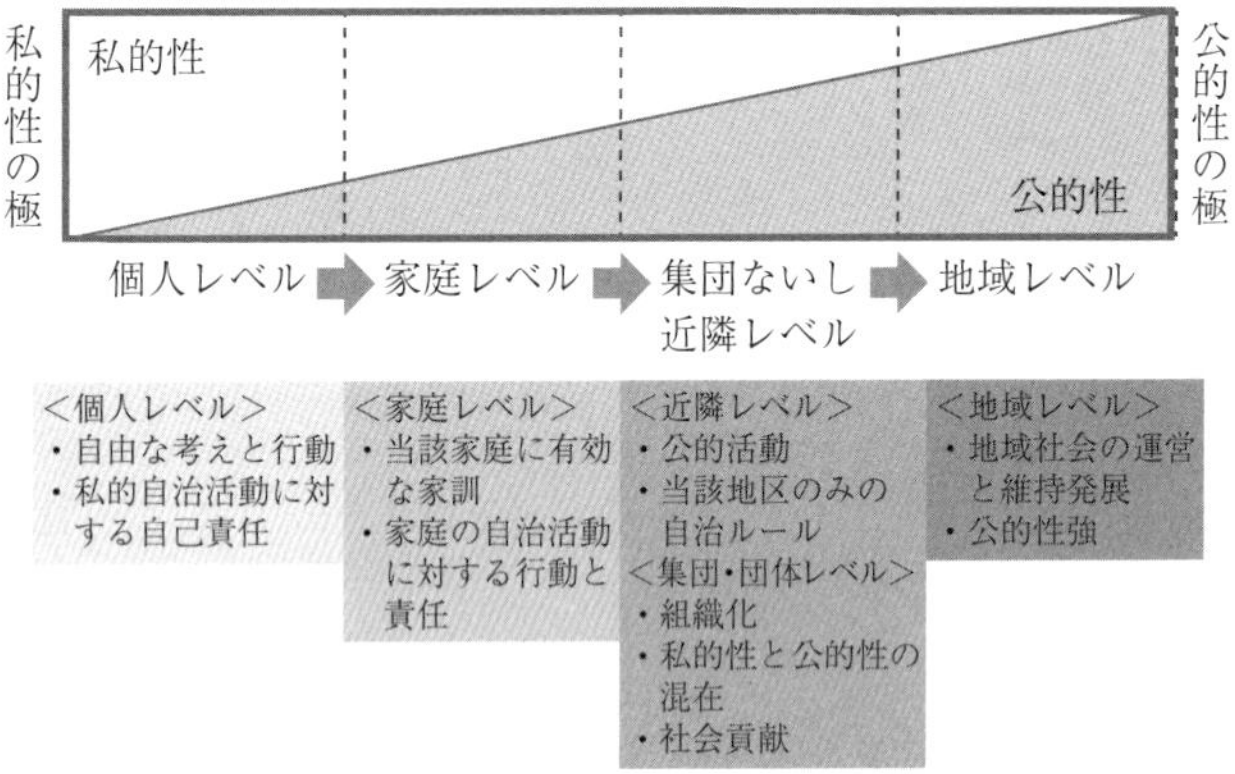

ロバートK・マートンの「中範囲の理論」[2]

そこでまず、その地域社会とはどんな「社会」であるのかを素描し、その「社会」における人間関係の内実とそれを反映した自治機能との関係を探究してみる。

(1) こんにちの地域社会にみられる新たな概念構成要素

90年代に入って先進諸国が取り組みはじめた政策の一つに、「シティズン・エンパワーメント」（市民力向上政策）というものがあった。これは、最近、テレビのコマーシャルでもみられるようになった、国連の「SDGs」（持続的な開発目標）の先駆的政策に該当するものである。それは、互いに個人の私的領域には立ち入らず、一定の社会的道義をわきまえた「シェアリングの哲学に基づく自助・共助」の社会であることを意味する。市民力向上政策は人間関係作用による「成熟社会の創造」を目指す政策として掲げられたものであって、その成果はいま、全国各地の地域社会でもみられるようになり、これまで支配的な社会概念であった「都市社会」とは異なる要素を含んだ「新たな概念構成要素を有する地域社会」になってきているのである。

その「新地域社会」の概念は、人口移動が一段落し、社会経済や科学技術の進歩発展のなかで「相互関係作用」という要素を加味して「都市社会」と呼んできた捉え方やその論理的合理性を正当化してきた概念に加え、『「分かち合い」（シェアリング）による協治作用』という、新たな意味内容の要素を付加した概念へと変容しているのではないか、と考えられる点である。ここに提唱する新たな社会の概念構成要素はそうした考えによるものである。この考えに従えば、こんにちの地域社会は、「都市社会」の概念構成に更なる新しい要素である「分かち合いによる協治」を包摂させた新概念へと再構成していく必要があるということである。

では、現代の「地域社会」の概念を構成する要素としてはどんな事柄が考えられるであろうか。これまで地域社会はコミュニティと呼ばれ、その概念構成も地域性と共同性の要素からなる社会と概念づけられてきた。これは中山間地の農村社会における集落や最近の都市社会における町内会・自治会にもその要素は内包されている。しかし、こんにちの地域社会にはそれらの概念構成要素に新たな要素の働きをプラスした点がみられ、それを包摂した地域社会とは何かの概念を提唱しないと正鵠を失する虞があると思われるようになってきたのだ。それでは一体、「都市社会」と「こんにちの新地域社会」とは何がどのように異なってきているのであろうか。それについては事例として取り上げた地域の実際からみていくこととする。

これまで取り上げてきた事例としては、山都町、多摩ニュータウン、掛川市、三島市といったところの、住民の自治意識や自治活動をみてきた。そこで、それらにみられる特徴を通して「都市社会」と「新地域社会」の相違を指摘していくことにより「新地域社会」概念の新たな構成要素を掘り起こすことができるのではないかと考え、それを以下のように析出していくことにした。

ここでは最初に、地域生活における地域住民の自主自律性はどのようにして発揮されてきたかを振り返ってみる。まず、中山間地の農村集落社会の例として取り上げた「山都町の棚田文化」の原点をみてみよう。棚田文化を育んできたのは、地域の地理的特性に合わせて生業を営むために不可避の要件となる、集落住民たちの自主自律的な共同作業によるものであった。中山間地で農を生業としていくためには自然地理的空間の環境特性にあわせた営農条件が必須であり、そのために集落の人々は各自が持ち合わせている能力や労力や資源などを結集して活用していくことが必要であったのである。集落の人々は、そのために必要な事柄について話し合いをし、ルールや費用分担などを決めて対処していく。その成果は自分たちの話し合いでつくったルールに基づき分かち合っていたのであった。

だが、そうした協議運営への参加は実質的には男性世帯主が中心であり、しかも当該地域の生活文化や歴史や自然地理的特性に詳しい、地元で生まれ育った人たちが強い影響力をもって集落社会を牛耳ってきた。その傾向は80年代までみられてきたが、協議する内容が多岐にわたってきたことにより、それへの対応にも様々な能力や技法と智慧やアイディアの投入がなされなければ地域運営も上手くいかない状況になってきたのである。

この流れは時代の要請ともいえるもので、90年代に入ってからは地域運営のための話し合いにも多様な参加者が出席するようになってきたことにみられる。それは地域に発生する問題の複雑多様化と情報技術の発展と人々の価値観の多様化が進んできたことの反映であり、今日の地域社会を豊かにしていくためには地域内外の人々の多様な能力や資源等の動員に加え、時代の変化に伴って発生する問題の質的複雑化と大規模化に対応できる「体制の整備とその運営の方法」が要請されるようになってきたからである。それに応えるシステムとして浮上してきたのが、人々の自助・共助の働きとそれらの連携を基礎にした「協治システム」体制の整備とその運営方法であったのである。

その対応の具体例をみると、一つは集合住宅の住宅管理組合にみられる新しい地域自治運営方式であり、二つは現代の生活行動圏域の拡大に合わせた地域自治運営協議会方式である。いずれも従来の町内会・自治会や管理会社任せの住宅管理組合とは異なる、人口2000から8000人程度の小学校区規模を基礎にした、住民参画による協治型の地域運営方式への変換であった。

全国の地域社会ではその方式によって地域住民の自助努力や共助努力による協力・連携を基礎にした、豊かで幸せな地域社会を追求していく方向へと向かうようになっていく。そこに従来の都市社会とは異なる「分かち合う社会」という新たな概念を有する地域社会の姿が浮かび上がってきたのであった。

この姿は多摩ニュータウンにおける在来住民と新来住民と多摩市民という、三種の自治市民としての自治意識の変化から析出されたところであった。また、掛川市にみられた小学校区規模での地域住民の参加・参画・協働による「新しい公共事業」や、三島市にみられた「水の都・三島」の原風景と原体験を取り戻すことを契機にしたNPO活動やまちづくり活動は、多くの団体と地域住民による連携活動をもたらしており、従来の都市社会概念とは異なる側面を有しているのであった。

同様に、熊本県山都町の場合にも2005年の小中学校の統廃合をキッカケとして、旧小学校区を単位に、その範域を対象にした「自治振興区」なる組織を立ち上げ、その中に様々な機能を発揮する各種委員会を必要に応じて設置し、老若男女が地域運営に幅広く参画・協働できるようにしてきた。いわば、これまでの男性中心による地域運営方式を卒業して、地産地消の道を切り開くために地元産の食材を中心にしたお料理教室、子供食堂の開設をはじめ、自然との共生を柱にした人にやさしいまちづくり、地域の自然環境を生かした地域特産物の掘り起こしや地域への転入者誘導のための空き家対策など、地元住民の連携と共助によって推進していく方策をとってきており、これまでとはひと味違う新たな地域社会の運営方式へと変化してきているのである。

（２）一元的自治型から多元的協治型による地域運営へ[3]

従来の地域運営は、どちらかといえば世帯を代表する男性が中心になってその機能を果たしてきた。しかし、上に述べてきたように、時代の変化に伴う地域運営はそうした男性を中心にした運営の仕方では時代の変化についていけないことが分かってきたのである。したがって、こんにちでは従来の運営方法では必ずしも時代の要請には応えられないということが明らかになり、それならば地域の老若男女の多様な意見と気づきと価値観を反映させる新しい手法を編み出し、それによって時代の変化にも対応できる体制にしていこうとする動きが出てきたのも自然の流れであった。そして、そのための地域運営体制をいかなる考え方でどのように確立していくべきかが90年代以降における地域社会の運営課題となってきたのであった。

私たちが日々暮らしている空間である地域社会は老若男女によって構成されている社会であるから、そうした人たちが主人公になって自分たちの意向を表明し、それを集約して運営していくことは至極当然のことである。しかし、わが国における地域社会の運営は伝統的に、お上の意向や示達を受け止め、それを地域住民に周知させていく役割を担った人によって支配的に運営されてきたのであった。しかも、この運営パターンは全国のどの地域社会においても久しく常態化してきてお

協働の仕組みづくりモデル（1）

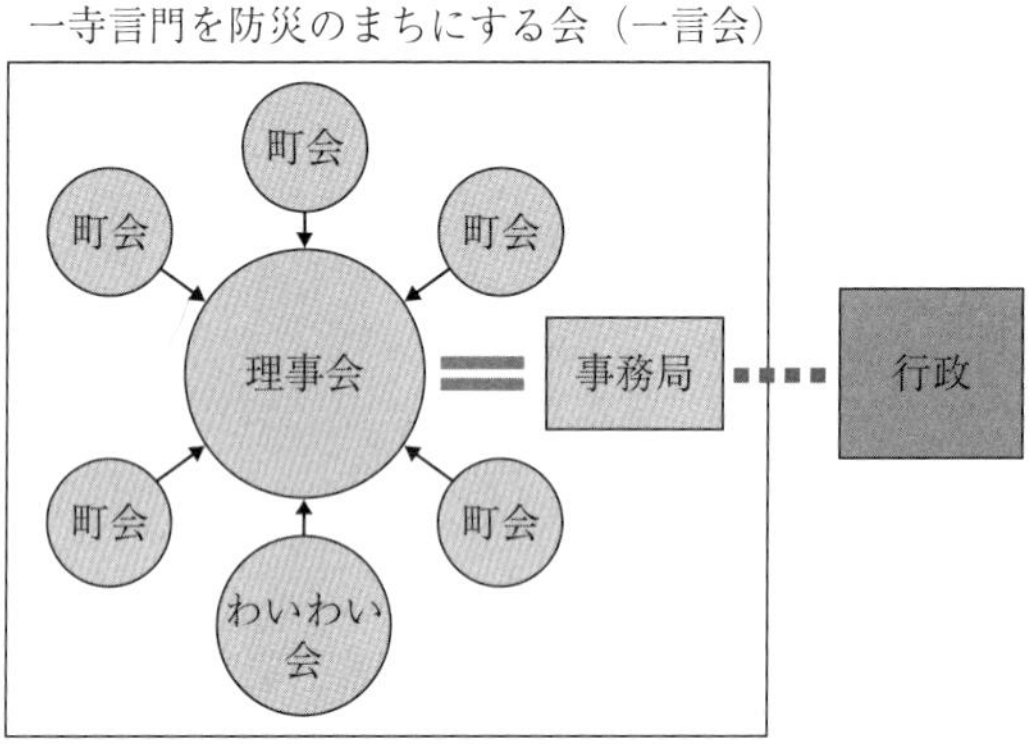

協働の仕組みづくりモデル（2）

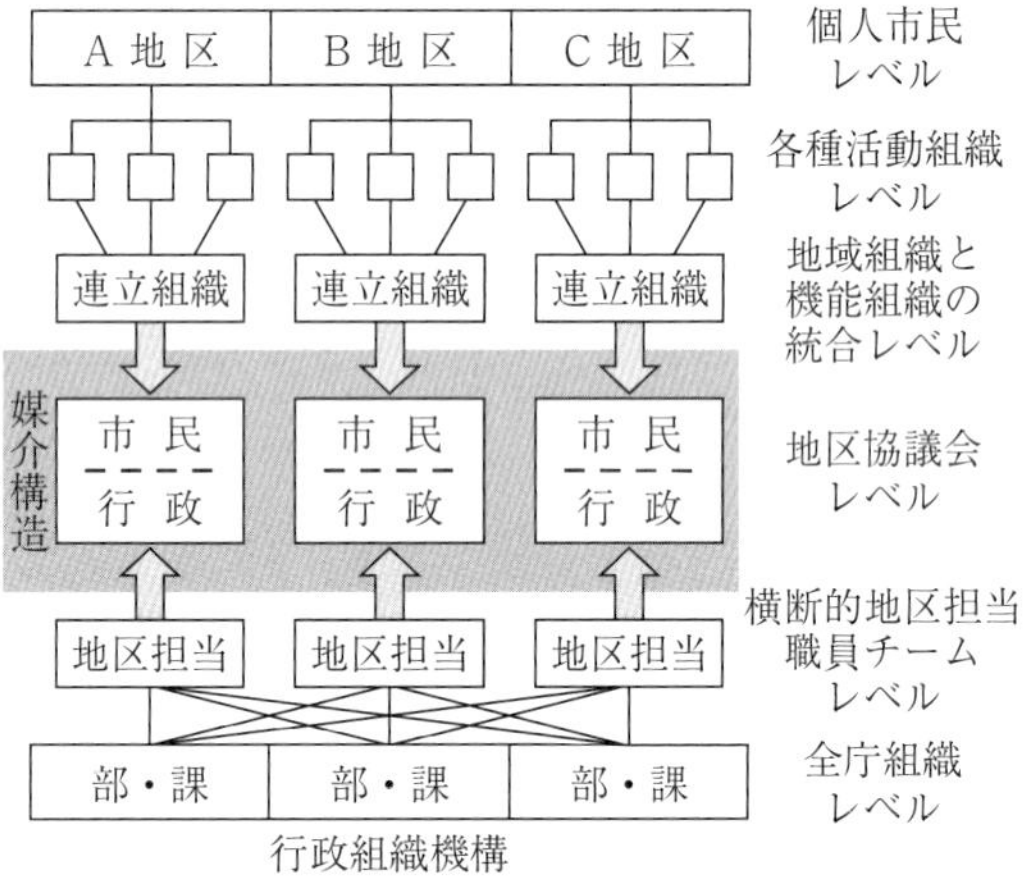

り、集落を単位にして行政の意向を地域住民に知らせる役割を担うのは行政区長（準公務員的存在で集落住民による選出とはいうものの、行政側の提案による人が多い）であり、外部からの訪問者が当該地域社会の特徴を知りたい場合は大概、地域運営の役割を担っている区長がその説明をしていく、というシステムを形づくっていたのである。

第1章で述べておいたように、地域自治が民主的に営まれていくためには行政の提案に従順であることとは逆に、地域住民が智慧やアイディアの結集により地域課題の解決策や地域発展の方策について主体的に纏め、行政に提案していくという方式がベターである。この方式を採用した掛川市の「新しい公共事業」のように、そこでは自助・共助・公助の役割発揮とその社会的効用を見定めて地域を纏めていけるような代表を地域住民の中から選出すべきであろう。そのことが分かっていながら、なぜその方法が地域社会一般で採られてこなかったのだろうか。今、そのことを振り返ってみると、それには、一つにはわが国における基礎（的）自治体が長年にわたり幾度も合併に次ぐ合併を重ねてきたことにより地域住民自治を根付きにくくさせてきたこと、二つには中央集権的官支配文化に馴化してきたこと、によるからかもしれない。そうした自治文化は単一の基本的考え方によって導かれていく一元的自治文化といえるものであり、変化への対応が必ずしも上手くはいかないのである。

それに対して、こんにちの地域社会は人々の価値観の多様化をはじめ、経済社会的および科学技術的進歩発展、情報技術の革命的進展などに伴い、日々発展し変化してきているのだ。この変化の流れは当然のことながら、地域自治の有り様にも反映されていく。そういうわけで、変化の激しい時代においては地域の多様な主体の能力や資源等を動員していかなければ自治の充実強化は図れなくなってきている。換言すれば、現代社会の変化に対応する地域自治の充実強化は、一元的自治文化によるよりも様々な主体の連携と協力の関係を基礎に据えた「共助」の力によって豊かな地域社会を創出していく、つまり、多元的協治型の対応体制による方が望ましくなってきている、ということである。

この多元的協治という文化は日本では古くから地域社会で育まれてきたものである。農村集落社会では、①人々はそこで生活していくために、②営農していくために、③自然と共生していくために、皆で力を合わせて暮らしてきたのであり、この伝統とも、さらには、自然に形成されてきたとも思える地域自治文化は、人間の社会生活における基盤をつくっているものでもある。これが人為的作用ともいうべき権力や権威、影響力の作用によって形成された一元的官治文化によって長いこと地域社会が支配され、それが表舞台を飾ってきたのであった。

しかし、地域社会における自治文化の基盤は、個人で対応困難な問題には、個人に代わって皆で協力して対応していく、あるいは、個人に代わって社会が対応していく、という「協治」の想いが根付いており、それがどのような社会の変化にもめげずに今日まで継承されつづけてきていることを忘れてはならず、我々は現実の社会を直視することによってそのことを理解しておくべきであろう。つまり、共助力の弱い地域は住民自治力も弱いということである。

近年における地震災害の多発、大雨洪水による河川氾濫や崖崩れなど、そして今、世界中を混乱に陥れている新型コロナウィルス感染症拡大への対応は、一元的な権力や権威によるよりも社会を構成している多元的主体の連携と協力による協働型の協治システムでなければ首尾よく運ばないことが分かってきた。

かくして、異なる主体が協力連携しあいながら地域問題に対処し、より良い社会状態を生み出していくためには、それぞれの主体の間の関係作用が円滑に機能することが重要であるというのは自明であろう。このことが分かっていながら、その重要なキー概念となる「協働」に関する研究がなされてこなかったのは何故であろうか。

「協働」は異なる能力や資源と労力や時間を有する多様な主体が互いにその違いを尊重して力を出し合い、皆が直面する問題を解決して豊かな地域社会を築いていくことを内包した動態的な組織概念である(4)。だから、その概念に従えば、目標設定については各主体が力を出し合って形成し、それを皆で力を合わせて達成していくという「横・横原理」に基づく考えで進めていかなければならない。これまでのように上からの号令一下による「縦原理」を重視してきた組織研究とは根本的に異なっているのである。

以上のことから「協働」研究に求められるポイントは、上下主従の垂直的関係の縦原理によるのではなく、対等性や平等性を根底におき、互いの違いを尊重して取り組んでいく横・横原理に基づく組織体制の研究でなければならないということである。

わが国ではこれまで、社会の変化に伴って発生する問題への対応として、縦原理に基づく階層型組織を重視する行政官僚制組織のあり方から「協働」について研究してきた傾向が強い。それを反映して、地域住民の生活の場に生じる問題の対応にも縦原理の考え方で、つまり、国、都道府県、市町村を序列化して権限、財源、人事の機能を配分していくという考え方に基づき、行政の研究、財政の研究、組織の研究、人事の研究、政府間関係の研究を行ってきたのではないか。

その結果、国、都道府県、市町村の行政はどのような状態になっているであろうか。上位政府は下位政府との関係において制度上、運営上、どのような姿勢で対処しているであろうか。逆に、下位政府は上位政府との関係においてどのように対応しているのであろうか。縦割りのセクショナリズムの弊害は解消されているのであろうか。社会が内包している様々な問題に総合的に対応できるようになっているであろうか。これらの課題に対するこれまでの研究ではいずれも横・横原理に基づく協働の研究はなされてこなかったのではあるまいか。

「国と地方の関係は併立・対等の関係である」ということになって久しいが、未だもって、陳情とか忖度とか指示とかいう用語がはびこり、下位政府は上位政府にお伺いを立てる、逆に上位政府は下位政府を指導、助言するという関係での行政が制度上も運営上も大手を振って歩いている。このような仕組みが改善されていかない限り、国と地方の併立・対等の関係は絵に描いた餅になってしまい、実質化されていかないのではないか。

このことを裏返していえば、横・横原理に基づく「協働」研究を地域社会の「現場」を通して行い、地域住民による地域自治力の向上を図っていくことこそが自治行政の充実強化にとって如何に重要であるか理解されるであろう。そのことからすれば、地域住民も行政も豊かな地域社会づくりを進めていくための協働仲間という対等感覚をもって取り組んでいくことが不可欠となる。

そこでは、各主体が豊かな地域社会づくりのために協働していくことにより「民よりも公＝行政が上」とか、「国が地方よりも上」いう意識を無くす方向で進めていかなければならないであろう。制度的にそうした改善方向を阻害する要因があるとすれば、地域住民の生活現場をより良くしていく実践活動を通じて、法規上・運営上の問題を具体的に指摘して改善していく手法を確立していくべきではなかろうか。これが草の根民主主義に基づく地域社会づくりであると考える。

その改善の源は「自治」にあり、縦原理の考えに基づく「地方行政」を卒業して横・横原理に基づく「自治行政」の途を地域住民と基礎自治体とが一緒に歩いていかなければならない。平たくいえば、住民と行政とが手に手を取って協働していく体制を確立し、運営していくことであり、そのために多くの基礎自治体では現在、その基本的考え方を明確にし、ルール化を図るべく「協働条例づくり」を推し進めている状況にある。そして、全国の基礎自治体においては、自治行政に協治システムの導入を図り、多様な主体の協働による取り組みを推進し、地域住民の自治力強化と自治行政機能の充実という面において一定の成果を上げるようになってきている。この点、時代の移り変わりを反映した自治行政の必然的な方向であるといってもよいかもしれない。つまり、こんにちの地域社会の運営は、一元的な自治運営から多元的な主体からなる協治型自治運営システムへの変換過程にあるということであろう。

3. 自治機能の充実強化と地域運営

地域における人間関係の円滑化は地域の住民自治を充実させ、自治機能を強化させていくということを述べてきた。では、逆に自治機能が充実していけば地域社会の運営は円滑になされていくと考えてもよいのか、つまり、自治機能の充実イコール地域社会運営の円滑化と捉えてもよいのかということである。さもなければ、両者を媒介する何かが存在するのではないか、その何かが存在するとすればそれは何でどのような役割を果たしてくれるのか、を考察していかなければならないだろう。ここではそれらの点について考えてみるとしよう。

(1) 自治機能の充実強化と地域社会運営の円滑化との関係

これまで地域社会が円滑に運営されていくには地域における住民自治の充実強化が必要であると論じてきたところである。だが、そのための前提となる空間規模と人口密度の関係については触れなくてもよいであろうか。地域社会の面積が広大であるのにそこで生活している人口は少数で人口密度が疎である場合と、面積が狭小なのに人口が多く、それ故に密度が高い地域社会である場合とでは、両方とも同じように自治機能の社会性は確保され、地域社会としても同じように円滑に運営されていくと捉えてもよいであろうか。もちろん、これらについても必要な条件の検討をしていかなければならないだろう。

近年、しばしば耳にすることに、「現代社会における情報技術の革命的な進歩発展は、地域社会の面積（空間規模）と人口の多寡（人口密度）に関係なく住民自治を充実させうるし、よって地域社会の運営もスムーズに運んでくれる」、という言辞がある。確かにＷｅｂ社会化している今日であれば、手軽なタブレット端末機（iPad）や携帯電話（iPhone）を使い、他者との意思疎通も容易にできる世の中になっているわけだが、それらを住民自治や地域社会運営のために皆が自由に使いこなせるかといえば、大いに疑問が残る。上述の言辞のようになるためには、人々は社会性というべきかシェアリングの哲学を身に付けていかなければならず、それを地域自治の文化形成へと結びつけていかなければならない。それにはＷｅｂ機器活用をマスターし、地域社会における目標共有

（シェアリング）が可能でなければならないだろう。

では、この「シェアリング」は何をもって可能となるだろうか。これについては先述したように、日常の生活の場に生起する問題がシェアするための媒介項的役割を果たしてくれそうである。Ｗｅｂの世界であれば、人々はどんなに遠くに離れていても意思疎通を図れるわけだが、ある地域に発生する問題が他の地域で暮らしている人々に対し、同じ問題を自覚させ、内容を知り、理解し、対処していくことの必要を共有することができるかといえば、それはできないのではないかということである。

それにはある条件が必要であろう。それは地域の特性を反映した条件ともいうべきものである。どこの地域も同じ自然環境的条件でもなければ、同じ社会経済的環境でも歴史文化的環境でもない。したがって、地域住民に与える問題の影響は様々であり、地域住民にとっての解決すべき問題の優先順位や期待する地域社会の目標といったものはどの地域でも同じようにシェアできるものではないであろう。つまり、ある部分についてはシェアできても他の部分については地域にとっては関係ないか、社会的効用が小さく解決費用に無駄が多くなるということだ。

このようなことを考えていくと、画一的な地域規定はＷｅｂの世界には適合できても、多様性を有する地域自治の世界からみるとそれは適合しないのではないか。つまり、誰のための、何のための、誰が主体となる地域自治でなければならないのか、という視点から、地域住民がシェアできる条件を設定していくべきであろう、ということになる。日本の行政は、法規万能主義に立脚している。それは中央政府官僚による統一的、画一的な組織論理で運営していくことを第一義として細かく規定しているからであり、そこには多様性を認める地方自治は存在せず、形式的地方自治が闊歩しているだけである。だからこそ、改めて地域における住民自治の充実強化の条件として地域特性を基礎に整備を進めていくべきではないかということである。

(2) 地域住民がシェアできる自治条件を求めて

この章のまとめとして、どのような条件が整えば地域住民が主体となって自治機能を発揮し、誰もが健康的で幸せに暮らしていける豊かな地域社会を創造し運営していけるのか、について述べておこう。

筆者がはじめて海外調査研究に出向いたのは１９７７年、ロサンゼルス・カウンティにおける未法人地域のコミュニティが法人格を取得し、自治体になっていく手続き過程をみてみることであった。その過程をコミュニティ住民、カウンティ政府、州政府の各立場から調べ、アメリカ合衆国における地方自治と日本における地方自治の相違点を明らかにしていくことを目的にしていたのであったのだ。[5]

このときの調査で最も強く印象に残った点は、様々な人がシェアできる「まちづくり目標」を参加者の自由な意見に基づいて形成し、それを「まちぐるみ」で達成していくべく緩やかなルールをつくり、定期的に集まって会合を開き、皆が楽しみながら「まちづくり」を行っていくオプティミスト・クラブ（Optimist Club）の活動ぶりであった。会合の日時と場所さえ分かれば、誰でも参加できる仕組みになっていて、筆者も南加大学（ＵＳＣ）のミチコ・ウィルソン（Michiko O. Willson）先生に連れられて一度参加した経験がある。

ロサンゼルス市の郊外に位置するランカスター・コミュニティ（Lancaster community）のコミュニティ・ホールで、午後4時から開催され、50名ほどの人たちが参加していた。コミュニティ・プロポネントが司会者となって会を次のように進めた。つまり、ランカスター・コミュニティを自分たちの意思と力で運営していきたい、そのためには法人格を取得して自治体になっていくことが不可欠である、それを実現するには何をどのように進めていくべきか、などについて説明していく。そして、現在のコミュニティである場合と自治体になった場合との住民としての役割と義務の相違を、自分たちが期待するまちづくりを例にして団欒風に話をし、参加者が気楽に、そして、自由に気づいたことを話せる雰囲気を醸し出していたのである。

日本の場合、このような会合はほとんど行政主導型で開催される。これまで取り上げた山都町の自治振興区の会合、掛川市の新しい公共事業を進める説明会、多摩ニュータウンにおけるコミュニティ会合、三島市におけるまちづくり事業などは、どちらかといえば、オプティミスト・クラブの日本版的な会合ともいえるが、しかし、コミュニティ・プロポネントの役割は日本の場合、すべて行政が担っているのである。この点、住民自治の観点から見た場合の最も大きな相違点であった。なぜそうなってしまうのであろうか。そこでは、地域社会の運営は地域住民が主体となって自治的に行っていくという自治の原点に立って考えてみる必要があろう。

地方自治を研究していく場合、当然のことながら地域住民の自治意識の発揮と自治活動がどのようになされているかを分析し、その充実強化を阻害している要因を析出していかなければならない。それには自治制度と行政制度の違い、地域社会の個性的特徴とそれを反映した自治行政の差異、自治行政運営についての住民と行政の認識ズレや意識ギャップ、などを掘り起こした上で、その解消のための調査研究を自治の原点に立って行っていかなければならないだろう。

アメリカ合衆国における自治体創設はそこに住んでいる人たちの意向に基づいて進められる。それは住民自治が原点にあることを示しているといってよい。それに対し、日本の場合はどうであろうか。数年前に「オレンジプラン」なる福祉政策が構想された(6)。それは人々が地域で健康で幸せに暮らしていける社会を創造していくことを柱にした政策構想であったのだ。

身体が不自由な人、介護を必要とする高齢者、目や耳が不自由な人、認知症になっている人、核家族で共働き家庭の子供たちの世話、買い物や病院などへの交通が不便な人、など、地域には様々な人たちが暮らしているが、それら地域住民の皆さんが健康で幸せに暮らしていけるようにするにはどうすればよいか、ということの構想であったのだ。

それには、地域で暮らしている人たちの共感が得られ、互いに生活実感できる方策を皆で知恵を出し合って創っていく必要があるのだが、その方策の内容と必要度合いは地域によって千差万別であり、画一的対応では地域ニーズとのズレをきたし、地域住民が期待する効果は上げられないのだ。そうならないためにはどのように対応していくべきかである。

ここではその基本的な考え方として、協治原理に基づく対応策が不可欠であると考える(7)。つまり、地域で困っている人がおれば地域住民が連携して対処していく、皆が相互に補完し合い・支え合うといった協働型自治によって地域社会を創造していく、という取り組みである。地域の特性はそれぞれ異質であるので、協働の取り組み方も区々である。それゆえ、協働型自治を全国一律的、画一的に規定する必要はない。地域特性と地域住民の意向に応じて取り組めるようにしていくことが地方自治の存在理由であるからだ。それには上からの目線で縦原理に基づくのではなく、生活現場における横・横原理に基づく住民自治を基礎にしていかなければならないことは自明である。

地方自治制度を確立している英米独仏伊では地域住民の自治力を尊重し、上からの目線で現場のニーズとズレが生じるような対応は取っていない。地域の運営はその地域の住民に任せているのだ。

確かに、現代社会における人々の生活行動圏域は科学技術の発展、交通手段や情報技術の進歩、経済活動の世界化などに伴い、急速に広域化している。また、人工知能（ＡＩ）やＷｅｂ通信網やタブレット端末の発達によってテレワークやオンライン授業も可能になり、毎日、勤務先や学校に通わなくとも自宅や自宅近くのコワーキング・スペースを利活用できるようにもなってきた。

このたびのコロナ渦騒ぎの中で、人々が健康で楽しく幸せに暮らしていける世の中というものは「地域社会で人間らしく生きていくことではないか」ということがこんにち急浮上してきている。高速新幹線や高速自動車道の整備、各地の空港や大型客船寄港の整備が経済社会の発展に伴って進められてきたが、コロナ渦の中、人々の移動は急減し、如何にして落ち着いた生活を地域社会で取り戻していくかということを考えはじめ、それを実行に移していく企業や勤労者たちも増える傾向にある。

当然のことながら、農村から都市へ、地方から大都市へという価値観に変化がみられはじめた。東京一極集中の弊害や大都市問題が取り沙汰されるなか、暮らしの場を地方の地域社会に求める動きが生じてくるにつれ、改めて地域住民による地域社会づくりと地域社会運営のあり方が問われてきたのである。この点こそが、地域の住民自治機能の発揮をして人々のニーズに合った地域運営のあり方に結びつけさせるのだ。

現代社会がそのような状況にある中、住民自治による地域社会の創造は今や避けて通れない段階に来ているといってよいであろう。そうだとすれば、法規万能で全国一律的に地域社会を見るのではなく、地域の特性に見合う多様な自治を認めて取り組んでいかなければならないだろう。その意味からすると、地域住民自治が活発に機能していくのは小学校区程度の規模である。したがって、自治体規模としては、それをいくつか連携させて基礎自治体とすることを地域住民の意思によって決めていくべきであろう。その範域を超える広範な問題に対応していくのは、アメリカの場合であればカウンティという準自治体であり、日本でそれに該当するのは府県である。もとより府県は歴史的にみて、中央政府（幕府）が廃藩置県によって生み出したものであり、地域住民の意思によって創出したものではないがゆえに、準自治体的な性格を有する。しかし、基礎自治体より広域的自治体である府県は、国の意向を受け止め、それを市町村に流す役割を果たしている。そのために府県が上で、市町村は下と位置付けられてきた。それは自治の観点からではなく行政の機能配分の観点からの認識であって、自治機能の遂行内容からではない。その点を考えると、府県と市町村はどちらが実質的に地域住民自治に応える役割を果たしているか分かるであろう。つまり、完全自治体としては広域自治体としての府県も基礎自治体としての市町村も縦原理の一元的な自治の捉え方として問題を残しているということである。したがって、これからは社会の実勢の流れに沿った方向で横・横原理に基づく地域住民自治力の発揮とそれによる地域運営へと舵を取っていくべきであろう。

（注1）荒木昭次郎『参加と協働―新しい市民＝行政関係の創造―』（ぎょうせい、平成2年）22―31頁を参照

（注2）ロバートK・マートンの「中範囲の理論」については、私が2014年の日本地方自治学会で記念講演した内容による。（日本地方自治学会編『自治体行財政への参加と統制』（敬文堂、2017年）13-15頁）

（注3）協働の仕組みづくり（1）と（2）については、澤田道夫・荒木昭次郎『真自治行政構想の奇跡〜自治の華ひらく協治の世界〜』（敬文堂、2018年）27-29頁

（注4）荒木昭次郎「デモクラシーと効率性―協働型自治行政を通して考える」熊本県立大学総合管理学部創立十周年記念論文集『新千年紀のパラダイム（上巻）』（九州大学出版会、2004年）49-72頁参照

（注5）ロサンゼルス・カウンティにおける自治体創設過程に関する実態調査の研究報告「アメリカ都市自治の理念と実際（上・中・下）」『月刊地域開発』（日本地域開発センター）'78／9、10、11月号所収参照

（注6）厚生労働省の「オレンジプラン」とは、認知症施策推進総合戦略のことで、2012年9月策定のプランを改定して2015年に「新オレンジプラン」として策定したものであり、幸せな地域生活を送れることを目的にしたものである。

（注7）荒木昭次郎『連帯と共助が生み出す協治の世界』（敬文堂、2019年）165-191頁を参照

◆◆第6章◆◆

活力ある地域社会のデザイン①

コロナ禍のなか、現在、人々は地域社会で静かに暮らしている。これはただ、人々がコロナに怯え、萎縮した生活をしているからというだけではない。

前章で少しく触れておいたが、人々は、これまでのような東京一極集中時代や中山間地域から都市部への人口移動を促してきた時代の価値観とは異なり、最近では落ち着いた暮らしができるような社会を夢に抱くようにもなってきている。確かにコロナ禍が、これまでの価値観とは異なる方向へと微妙な変化を与えていることは事実であろう。だが、それればかりではなく、この動きにはなにやら時代の大きな変化が底流にあるように思えてならない。

経済効率主義は人口や産業の過度の一極集中や都市部集中をもたらし、人間関係を希薄化させ、働き方や暮らし方を窮屈にさせてきた。今や人々は、そのような息苦しさを感じる社会から抜け出したいと思っている。加えて、そうした都市社会にはない、新たな価値観に支えられた社会、つまり、健康で幸せに、そして楽しく暮らせる「場」を求めだしたのである。そのような「場」は、従来とは考え方や見方を変えてみれば、なにも都市部でなくとも存在するのではないかということである。そうだとすれば、都市部以外のところでも心豊かに暮らせる「場」があるのではないかと考えるのは当然かもしれない。

そうした価値観や考えを後押ししているのは、昨今の人々が次のようなライフスタイルの想いを抱くようになってきているからである。つまり、①人として豊かな人生を送りたい、②そのためには自己の暮らし方に余裕をもてるように自己変革をしていきたい、③それが可能になるような社会経済的、情報通信技術的環境条件を整え、それらが人々の生き方や働き方の想いに届いていくような社会をつくっていきたい、という見方である。

たとえば、大都市部で事業を営んできたＩＴ関係の企業従事者が自然豊かな徳島県内の山間部に引っ越しをし、自宅でテレワークとかリモートワークで仕事をするスタイルが見られるようになったのはその例である。また、多摩ニュータウン住民にみられるように、満員電車に揺られ、遠距離通勤を余儀なくされてきたサラリーマンが、自宅近くのコワーキング・スペースやサテライト・オフィスで仕事をするとか、中山間地の空き家を購入して執務室のある自宅に改良し、テレワークやリモートワークによって豊かな家庭生活を送ることを可能にするとともに、それによって居住地で過ごせる時間を長くし、IT技術の発揮や地域自治意識の向上による地域活動を通じて地域社会に貢献する途を切り開いてきているのもその例である。

こうした傾向は、人々が職住近接と人に優しい地域社会を求めて「生活の場で過ごす時間」を長くし、それによって地域での生活を豊かにする一方、地域住民として地域社会の自治運営にも参加できるようになってきたことを意味する。

こうした動きは80年代後半からみられるようになった現象で、コロナ禍が発生する前から見られていたものであり、それは「新たな社会環境や労働環境の創出」を求める人々の価値変容の姿でもあったのである。

そういう社会情勢が進行している中、偶々、新型コロナウィルス感染症が広まってきて、人々の日常生活に対する自粛要請が出された結果、いかにもコロナ禍が人々の価値観を変えるようになったと思われがちだが、そうではない。もちろん、今ではコロナ禍が新たな価値観の普及に大きな影響を与えているのは事実である。しかし、それ以上に、現代社会の変容がコロナ禍現象をも包み込み、地域住民自治による地域社会の運営に大きな影響を与えるようになってきているのだ。つまり、新たな価値変容が人々の日常の暮らし方や働き方の中から芽生えてきて、それが豊かな地域社会の創出にも向けさせ、地域住民自治による地域社会運営に関心を抱かせるようになってきたのである。

そこで本章では、これまでの価値観に基づく地域社会の衰退評価に振り回されるのではなく、社会の進歩発展に伴ってある程度落ち着いた生活ができるようになった人々が健康で幸せに暮らしていける生活の場を求めていくプロセスを観察していくことも重要であると考えた。換言すれば、一つは、健康で幸せに暮らしていける地域社会づくりとはどういったものであるか、それを、人々がどんな考えに基づき、どのように実現していこうとしているかということであり、二つは、それを地域住民自治による地域社会の運営という観点から一瞥してみるということである。これらはつまり、現代人の新たなライフスタイルに立脚した「自治的な地域社会づくり」と「人としての幸福追求」とを合体させ、それを日常の生活の場でどのように実現していこうとしているかを観察することでもある。そのうえで、地域社会の活力と豊かさの創出が可能であるかどうかを考えてみるということである。

1. 人々はなぜ社会的自由を地域社会に求めるようになったか(2)

日本の地域における伝統的な生活文化は家文化から生成されてきた。そのことから家長＝世帯主が代表として地域社会運営に携わってきたという長い歴史的伝統がある。この家長制を基礎とする地域社会の秩序維持の習慣は「上からの号令一下」という規範を創り出し、それが正当化されてきたのであった。

この習慣が家庭から出発して、向こう三軒両隣、近隣住区、集落、組、区、学区、基礎自治体、広域自治体、地方、国という各レベルの自己統治においても育成され貫かれてきたのである。

そのなかで、向こう三軒両隣、近隣住区、集落、組までの代表者は、その地での一番の資産家ないし納税者として周りが認める人が司令塔の役割を担ってきたのであった。つぎの広い区域に及ぶ行政区（長）、小学校区・中学校区の代表者はそれら区域の住民によって選出されるというよりはむしろ、事前に行政側が用意した代表者を暗黙のうちに承認するという傾向が強かったのである。

もちろん、全てがそうであったとは言えないが、日本の地域社会ではそうした習慣を下支えする習慣として地縁、血縁、知縁という三縁の引力が強く働いてきた。他に財産縁とか権威・権力縁があり、最近では情報縁、同類同業種縁、文化・教育縁、共通利益追求縁、などの「縁」もみられるが、こうした「縁」のもつ力の発揮は日本社会の特徴でもある。

例えば、各種選挙時における候補者の支持調査によってもそれは明らかになるが、要は、地域社会という生活の場において代表を選出したり、課題を提起したり、問題解決の優先順位を示したりする場合に、地域社会の構成員である個人としての主張がどの程度どのような形で吸収され反映されてきたかである。

先に述べてきたように、農村部における集落の会合には世帯主＝男性が主に出席していた。そこでは女性の意向はどのように反映されていただろうか。また、世帯主以外の人の意見はどうなっていたであろうか。このようなことをいうと、時代遅れと云われそうだが、ちょっと前までは男性中心の地域社会運営方式であったのであり、独自の主張をすると浮いてしまうか、あるいは村八分にあうかの「同調圧力」(3)を気にしなければならなかったのである。

筆者の年代であれば、子供の頃から大なり小なりそのような経験を地域社会でしているのではないかと思われる。しかし、今日でも子供たちは、スマホやパソコンの時代になったとはいえ、「同調圧力」を気にして「イジメ」に合わないように過ごしているようであり、この点、今も昔も変わらない。

このような社会的性向は農村部の集落社会だけの伝統的習慣であるとは限らない。都会でも職場でも、また、正規・非正規の勤労者に限らず、どこでもパワハラ問題が日常的に起こっているが、これらハラスメントと呼ばれる一連の行動の大部分は上に述べた「同調圧力」を背景にしているものといってよいだろう。要は、現代人が、この「同調圧力」の社会からいかなる考えに基づいて抜け出ようとしているかである。

いま一つの傾向として注目されているのが、宮崎県西都市や新富町にみられるリモートワーキングの新設会社の例である。これは、経済社会発展のシンボルとしての超高層ビルが林立する「ハコモノ」大都会が「はたして人間の幸せを生み出すことができるのかどうか」ということを反証する例でもある。

それは、経済成長時代の価値観とは異なる生き方や働き方を選び、そして歩み出した人たちの姿であり、その人々を受容する地域社会の姿である。それには、地域住民自治による地域社会運営の想いと行動様式がみられるわけで、その点を豊かな地域社会の創出に結びつけて眺めてみたい。

(1) 経済効率中心主義の大都市社会からの脱却(4)

少ない人員と少ないコストで最大の成果を上げることを目標としてきた経済効率主義は、はたして人々を幸せにしてきたであろうか。現状を振り返ってみると、人々は一昔前よりは高所得が得られ、高学歴を身につけ、高度情報化社会を満喫しているようにみえる。しかし、それは一定のレールの上を走っている場合のことであって、そのレールから一歩外れると、非正規労働者や時給労働者のパート業務の例を持ち出すまでもなく、必ずしも現代の都市社会を満喫しているようには思えない。とりわけ、大都市社会にあっては、正規労働者でさえ、朝から満員電車に揺られ、窮屈な四角い「ハコモノ」ビルで仕事に追われる日々を過ごしている。こうした日々の生活を送らざるを得ない人々は、現在の都市社会を、自己が望んでいる社会とは何かが違うと感じ始めているようだ。この現実と期待とのギャップが何によってもたらされているかは、現代社会を生きる者にとって大変気になる点である。

パナソニックやホンダを創設した松下幸之助氏(5)や本田宗一郎氏(6)の時代における両氏のモチベーションとその具体的な技術開発の行動は、当時の経済社会をリードしていく力があり、周囲もそれを認めざるを得ない雰囲気を醸し出していた。それは徒弟制度を脱皮した経営方式の確立であり、働き手を従業員として見做すよりも目標としての成果を仲間と一緒になって達成していくという考えに基づいていたのだ。それゆえに、仲間の一人一人は目標の達成に向けて全身全霊で取り組み、ラグビー精神よろしく「一人は皆のために、皆は一人のために」力を結集して成果を上げ、個人としても企業としても幸せを感じる経済社会を創出したのであった。そこにみられる哲学はシェアリングという「共有」の考え方であり、これを大事にしてきたからこそ日本を代表する企業へと成長してきたのではないかと思われる。

そこには経済合理主義とはちょっと違う面が潜んでいるように思えてならない。つまり、一人一人が持っている能力を十分に発揮でき、それらを集合させて大きな力の発揮に繋げる体制のシステム化であり、個々の能力を効率的に発揮させて競争させるような手法は取っていないという点である。

高度経済成長政策下においては競争原理を第一義におき、個々の能力を最大限に発揮させる手法が取られてきた。その結果、人々はその方針の下、都市に集中し、一定の成長の恩恵を受けながら都市社会を形成してきたのであった。しかし、都市社会での生活は人々の心に余裕というか、豊かさや幸せ感を与えることができたかといえば、その点は弱体であった。ただ、朝から晩まで「同調圧力」の中で働かされる日々が続く中で、人々は自己が身につけた能力を、もっと自由な方法で発揮し成果を上げていきたい、と考えるようになってきたのである。そして今や、そのことが可能になるような条件が整ってきたのだ。

この度のコロナ禍騒ぎのなか、密閉、密集、密接の三密とかソーシャルディスタンスとかいう言葉が踊っているが、大都市における朝の通勤ラッシュをみると、それらの言葉の内容を守れる状況はなにひとつない。それでも生活していくためには満員電車に乗り込んでいくしかないのだ。また、定年退職した高齢者はゆっくりと老後を過ごす余裕が大都市社会にあるのだろうか。故郷に帰って余生を送ろうにもそんなに簡単にはできないが、それでも自由かつ静かに自分がやりたいことをやりながら残りの人生を楽しく過ごしたいと思う高齢者も増えてきている。さらに、中山間地においては空き家が増えてきている。それも頑丈かつ大きい家である。自然環境には優れているが生活の利便性はよくない。だが、当地の人たちと馴染んでいけば心豊かに暮らしていける条件も整っている。

そのようなわけで、価値観の持ち方次第では、今日の情報通信技術の発展と自然エネルギーの活用を組み合わせていくことにより、都市社会を抜け出した「成熟社会」に入っていくことも可能になってきているのではなかろうか。そこでは働くことも余生を送ることも自分の考えや価値観に合わせられる「場」ともなっているからである。

近年の価値観の変化は、人々が豊かで楽しく働き生活できる「場」や、都市社会から成熟社会へ抜け出す「場」を追い求めているからである。

(2) サテライト・オフィスとテレワークやリモートワークの進展

情報通信技術の進展は、合理的な経済効率主義を追い求める都市社会の企業経営のあり方や都市社会での働き方および生活スタイルにも大きな影響を与えてきた。その典型は、一つは情報技術を駆使することにより、勤労者はビルの執務室に集まって仕事をする必要はなく、遠隔地にいても意思疎通を図りながら目標設定と生産供給をチーム方式やグループ方式で遂行していくことができるようになってきたからである。二つ目はしたがって、これまでのように満員電車で遠距離通勤する必要はなく、自宅の執務室か自宅近くのサテライト・オフィスで仕事ができるようになってきたことである。そして、三つ目はパソコンやタブレット端末さえ使いこなすことができれば、職住接近によって居住地で過ごす時間も長くなり、その分、地域社会を豊かにしていく機会をもてるようにもなってきたことである。これら三点が今日の社会に出揃ってきたことにより、各年代のライフスタイルにも大きな変化が見られ出す。

最近の傾向としては若い世代の人々が都会暮らしから地方暮らしを求める割合が多くなってきたようである。彼らはＷｅｂを使い熟すＩＴ技能を持ち合わせており、ネットリテラシーを活用してペーパーレスで業務を処理していくし、組織としての会議や決済も効率的に処理する能力を身につけている。したがって、日常的な業務もリモートワークやテレワークによって処理可能となり、自宅や自宅近くのコワーキング・スペースやサテライト・オフィスでの仕事もできるようになってきているのである。

働き盛りの年代層が抱えている問題は、住宅ローン、子供の教育、単身赴任、共働き、郷里の両親の世話、などであり、一所懸命に働いてもあまり生活に余裕を持てないことであろう。そういう中にあって彼らは、身につけてきた能力や技能を発揮していけば、生活の場である地域社会に対しても貢献できる。そのことから地域社会でも心豊かに暮らしていける途を切り開いていけるのではないかと考え出したのである。そして、彼らは新たなライフスタイルを希求し、働き方の改革を推し進め、環境のよい地方での楽しい暮らし方の確立と地域社会への貢献方策を構想し実践しはじめたのであった。

先に述べた宮崎県の新富町や西都市の場合は、そのような考えや価値観をもって地方移住を希望する人たちに対し、地元自治体としても手をさしのべる方策を取っている。たとえば、地元としては空き家対策や耕作放棄地対策となるように、住宅の改修や耕作放棄農地の菜園化を進めることができるようにし、テレワーカーとしての能力のある人たちに対し、現在の本業は辞めないで副業として仕事ができるような場を提供するとともに、遠隔地でも業務処理が可能な仕事を募集し、そのための新設会社をつくって応援しているのである。現在、700人以上のテレワーカーがこの地に移り住んで働いていて、そうした業務を処理しており、彼らは地域の活性化にも貢献しているのである。

この先駆的例は徳島県上勝町や神山町にみられ、全国各地からの視察者が訪れているが、これも地域活性化方策に結びついたリモートワークやテレワークの熟練者が大都市の仕事場を離れていても地方で情報通信技術を駆使することにより立派に仕事ができることを証明している例である。つまり、オンラインによってコミュニケーションも十分にとれ、遠隔地にいてもズームにより会議や研修に映像で出席して意見を述べ、効果的に業務処理ができる技術開発が進んできているからである。

このような情報技術の進展に伴う働き方の改革や生活価値観の変化は福祉や医療部門にも波及してきた。それが都市部で定年を迎えた高齢者の生活に対しても地方での暮らしを可能にしてきているようである。これまでの地方は、生活の便利が悪い、交通が不便である、病院がない、高齢者福祉施設がない、子供の世話をするところがない、などが地方暮らしの困難さであった。だが、今や人々はその気になれば、それらを乗り越えられる情報化地域社会になってきていることを知っているのである。

最近では、オンライン授業をはじめ、オンライン医療診断やオンライン介護相談など、オンラインサービスが普及している現在、自然環境豊かな地域での子育てであったり、余生を楽しく送ったり、職住接近で地域貢献を可能にするとともに、三世代が楽しく豊かに暮らせる地域社会も我々の目前に迫っているといってもよいかもしれない。

(3) 地域社会のニーズと働き方改革を結ぶ地域住民自治

現在、大都市部を除く地域社会は衰退社会の象徴のようにいわれている。しかし、上に見たような、人々のライフスタイルに変化が進んでいくとすれば、中山間地の地域社会の将来にも展望が開けてくるのではないか。その意味では地方生活もそれほど悲嘆することはないように思われる。

ところで、「過疎」という言葉が使用されるようになったのは確か1963(昭和38)年の今井幸彦著『日本の過疎地帯』(岩波新書)であった。翌年の東京オリンピック開催を控え、突貫工事が進められる東京へ地方の労働力が動員されたのであったが、これは通常の進学、就職で東京に人口集中するのとは異なる、特別の人口集中現象であったのだ。いわゆる地方からの「出稼ぎ労働者」として一家の大黒柱であった農業従事者が都市部に移動して働いていたのである。

この現象の表裏関係として、農村部に残された人たちによる農業（従事者）のことを「三ちゃん農業」と呼び始めたのであった。それは、出稼ぎ者本人の両親であるジーちゃんとバーちゃんと、子供たちの面倒を見るために止まっていた奥さんのカーちゃんの三人によって農業を営むことを指していた言葉であった。こうした出稼ぎ労働者がお盆や暮れにお土産荷物をいっぱいにして帰省列車に乗車する風景がニュースになっていた時代である。

働き手を都市部に奪われた地方の地域社会は、地域社会の運営においてもそれまでとは違った運営に変わらざるを得ない状況に追い込まれていく。地域単位の集会への出席者の数は減り始め、顔ぶれも高齢者や女性にかわり、議題内容も旧来とは異なる多様な内容になっていく。くわえて集落の共同作業も難しくなってしまうなど、地域社会運営面で難しい問題を抱えることになっていったのである。こうした地域社会の変化現象を指して「地域衰退」とか「地方の過疎化」という用語が使われ出したのであるが、この現象を都市部と農村部を二項対立的に捉えるか、あるいは、両者がシェアできる方向で相互調整していくかは、どちらがわれわれ人間にとって健康的で幸せな社会の構築に繋がっていくかという課題を突きつけたのであった。

これまでの都市社会における人々の暮らしを観察していると、経済合理主義に支えられた「都市の正義」(7)がその基盤にあったように思えてならない。都市部に人口が集中し、産業も集積してきたが、それは言うまでもなく経済合理主義がもたらした結果である。しかし、経済合理主義に支えられた「都市の正義」には人間社会や情報通信技術や文化芸術などに見られる変化革新への総合的な対応力は必ずしも十分ではなかったようだ。たとえば、農村部地域における耕作放棄地の問題や三ちゃん農業の問題に「都市の正義」はどのように応えてきただろうか。あるいは、都市部における住宅確保の問題、遠距離通勤の問題や労働時間の問題にはどうであっただろうか。さらに、人口減少をきたす農村部や地方都市部の問題にはどのような対応をしてきたであろうか。これらの問題に対し「都市の正義」は必ずしも応えてきたとは思えない。そこでは、社会経済の発展、情報通信技術の進歩、人々の価値観の多様化と働き方改革といった、変化革新の要素を取り込んだシェアリングの哲学に基づく地域再生政策が欠落していたからにほかならない。

地域社会は伝統的に地域住民自治によって運営されてきた。それが急激な社会経済の進歩発展によって過疎化をきたし衰退してきたのだ。ところがそれを再生させる要素の働きが、こんにち、脚光を浴びるようになってきたのである。直接的には、高度経済成長の恩恵を受け、高度の教育を受けて身につけてきた能力や技能が発揮できるようになってきたからである。そして、それをどこでも発揮できるようになってきて、人々は健康的で幸せに暮らせる「場」をもとめはじめたのであった。そのうえ、人々が主人公になって暮らしの場を運営していくような条件も出揃ってきた。このことが農村部と都市部のどちらにも有効に働く生活基盤を提供してくれたのであった。そして、人々が楽しく働き、豊かに暮らし、自由に学び、健康的に生きる「場」を自分たちの力で創り出し、そして運営していく途を現実の社会で実現することを可能ならしめてきたのである。徳島県上勝町や神山町、宮崎県新富町や西都市の例はそれを実証しているといえるのである。

2. 開かれた地域社会を目指す(8)

さきに「同調圧力」について触れておいたが、日本の集落社会は伝統的に人間関係が濃い社会であった。逆に言えば、そのことは地縁、血縁、知縁の三縁が強く働く狭い社会的範囲のことであり、その意味では閉ざされた社会であったといえる。今日でもよく使用される言葉に「よそ者」という言葉があるが、これは自分たちの仲間内ではないことを仲間内の人たち同士で使う言葉であり、開かれた社会ではないことを意味する。それは大なり小なり地域によって言葉の表現方法が違っていたり、地域文化の生成や創出の背景が異なっていたりするが故に、地域によって特徴があり、誰にとっても標準であるとはいえない。したがって、それを共有していくためにはその地で生まれ育った人とその地以外から移り住んできた人の双方が互いに理解し合う努力をしていかなければならないであろう。

そこで必要とされるのは、価値観の共有であり、相互交流の実践である。そして、お互いを知る、理解する、地域で目標を共有する、といったことが不可欠であるが、それには必要な手段として、技能や資源を出し合って必要なルールをつくっていかなければならない。そして、そのルールに基づいて自主自律的に地域社会を運営していくのが住民自治の姿であり自治力の発揮である。すでに、ポスト都市社会における人々の生き方や暮らし方としては上述してきたように、健康で楽しく、かつ豊かな地域社会生活を期待する時代に入ってきており、そのための諸条件もかなり整ってきている。そこで、以下の論点を考察することにより、開かれた社会とはどんな社会かを考えてみたい。

(1) 個我現象のマイナス面を乗り越える

都市化時代の象徴的な言葉として「個我（意識）」[9]という用語が浮上してきた。これは他者との関係も薄く、地域社会にも馴染みがない状態の人が、自我意識を前面に出し、他者との区別を新天地の都市化社会で発揮していこうとする意識状態を指していたようである。それに関連する用語として「自我意識が強い」とか「利己的である」とかの表現がなされる場合があるが、いずれも自己主張が強く、他者との相互関係作用が必要であるにも拘わらずそれを嫌い、自己の利益や優位性を確保しようとする独り善がりの言行動をとることといってよい。これは上述した「同調圧力」とは真逆の意識や態度といってよく、どんな組織社会にもみられる現象である。

では、なぜそのような現象が現代社会で生じるのであろうか。われわれの体験からすれば、相手のことを知り理解し、目標を共有してそれを達成していくという経験がある場合には相手の考えや意見を聞いて協調していく道が開け、独善的な言行動は取りにくくなる。裏返していえば、相手のことをよく知らない場合や、社会や組織において上位に位置する者が権威や影響力を駆使して主導していく場合、さらには、社会変動が著しく、他者との相互関係作用が薄い場合に加えて、本来、他者の意見に耳を傾けず、性格的に協調性に欠けている場合には独善的な言行動をとりやすいのである。

このような言行動が社会的変化に伴って表出してきたのは、特に都市化社会であった。それは短期間に都市部へ人口や産業が集中し、仕事場や生活の場においても未だお互いが相手のことをよく知らず、また、相互関係作用も余りない場合は、自己の存在を知ってもらうために自己主張するということも作用していたかもしれない。この点、多摩ニュータウンにおける調査で隣人と普通に挨拶が交わせる状態になるのに2年の歳月を要したという結果からも理解される。多摩ニュータウンづくりは日本における都市化社会の象徴であった。全国各地から首都圏への就職や進学をはじめ、出稼ぎ労働者が集中・集積していた時代であって、お互いに見ず知らずの人たちが一定の居住空間を共有しはじめた頃である。その頃から上述したような個我現象が社会的にも意識され、そのことから生じる諸問題に人々はどのように対応していくか、また、国、府県、市町村はどんな政策を用意していくべきか、が課題となっていったのである。

多摩ニュータウンの場合は、住区を単位とする住宅管理組合規約を自分たちの活動が展開しやすい方向に改正していくという住民自治力の発揮と、それに基づく住宅管理組合活動によって、生活の場における人々の相互関係作用を濃くし、都市化社会に見られた問題を乗り越えてきたのであった。また、職場への遠距離通勤やハコモノビル内の組織的業務処理の働き方に関しては、情報通信技術の高度な発展により、自宅や自宅近くのコワーキング・スペースなどでも業務処理が可能になってきた。その結果、地元地域社会で過ごせる時間も長くなり、遠距離通勤では不可能であった地元地域社会での活動もできるようになって地域活性化にも貢献できるようになり、居住者としても働き手としても地元地域社会で豊かに暮らしていける途を切り開いてきているのである。

(2) 協治社会創出のための相互作用関係の充実[10]

伝統的な日本における地域社会運営は、前にも触れてきたように、男性世帯主が中心的な役割を果たしてきた。しかし、それを注視していくと、男性中心の一元的な地域社会の運営といった面が強く、老若男女の多様な意見に基づく多元的な主体による運営という側面が弱かったのである。

ところが、90年代以降、世の中の価値観に多様さが目立ちはじめ、それが旧来の支配的な価値観で地域社会を運営してきた手法にも影響を与え出す。その現象を鳥瞰すると、それは①社会の半数を占める女性の意思や意見をこれまで以上に尊重して地域社会を運営していかなければならなくなってきたこと、②情報通信技術の進歩発展により人々は容易に様々な情報に接することができるようになり、それによって地域社会の現状について簡単に知ることができるようになるとともに、内容を理解し、自らの意見を述べやすくなってきたこと、③社会の進歩に伴って人々の価値観にも多様性が見られはじめたことへの対応であり、それには、人々が互いの違いを尊重して力を出し合い、相互交流を通じて共有できる豊かな生活拠点の必要とその創造を認識するようになってきたこと、などにみることができるのである。

先ず、①については、男女平等、基本的人権、法の前における平等など、新憲法下における各種制度では、個人を基礎においた平等性が謳われてきた結果、職場や生活の場といった現実の社会生活においてもその平等性が確保される必要があると要請されてきたが、70年以上経った現在でもその要請に応えているとはいえない状況にある。たとえば、国、地方を通じた行政の世界における管理職の男女比は圧倒的に男性が多い。民間企業においても似たようなものであり、また、地域社会の運営役職者の場合も同様である。ただ、90年代半ば以降、世界的にシティズン・エンパワーメント方策が展開され出してから女性の社会進出も著しくなってきた。これは女性の社会的能力と社会的役割の重要さとその必要性とを裏付けるものであり、それを反映して地域社会の運営では女性がリーダーになったり、また、若手が情報技術の手腕を発揮しはじめてその役割を担ったりしてきている。立ち後れているのは残念なことに政治の世界であり、都道府県や市町村の議会議員における男女比率は惨憺たる状況にある。社会の半数は女性であるにも拘わらず女性議員ゼロの地方議会がなんと多いことか。今後は、性別、世代別に代表割合を決めて対応していく制度のあり方を検討していく必要が叫ばれ出すかもしれない。

②については、若手の男女がその能力を身につけており、むしろ男女五分五分の社会的貢献が期待されている世界である。先に見た宮崎県新富町のケースでは居住する地域社会で仕事に就き、地元で過ごせる時間も長くなり、地域貢献ばかりでなく今後の日本社会の働き方改革にも大きな影響を与えていくと思われ、健康的で余裕のある暮らしと幸せな人生デザインの描写が期待されている。

③については、現代社会において発生している様々なニーズに対し、最も広く総合的に応えていけるのは人々の相互交流にあるということである。それは人々がシェアできる価値観を生み出すための老若男女の交流であったり、地域活性化のための交流であったりし、相互に助け合うための相互交流であったりもする。

これらが成功裡に展開されていくためには、①②③が同時並行的に進められていくことが重要であるが、①を進めていくためには現在のところ、②③が充実していくことによって達成されていくのではないかと考える。つまり、多元的主体が相互交流して社会性を確保していき、そのことが出発点となって豊かな社会創造へと導く先導的な役割を果たしてくれるからである。

(3) 地域社会を協働プロジェクトの舞台にする

人々が社会的空間を共有できるのは生活の場である地域社会である。どんなに情報通信技術が発達していこうと、また、交通網が発展し人々の生活圏域や経済活動圏域が拡大していこうと、人々が日々の生活で共有できる現実の社会的空間は、人々が直接的に意見交換でき、問題を共有してその解決策を一緒に考え、そして、あるべき地域社会の姿を目標として描き出し、それを自分たちの結集した力で自主的に達成していく社会である。そのようなことができる社会的空間は人々が互いに認識できる地域社会でしかないだろう[11]。

その地域社会は個々人から構成されているが、そこには様々な主体も存在する。つまり、社会活動主体、経済活動主体、文化活動主体、など、多彩な主体である。いずれも人が中心になって活動しているが故に、人々が相互交流できる空間的な範囲や、認識できる人口の多寡にも限界が生じるであろう。そうはいっても社会関係が複雑になればなるほどそこに生起する問題とその性質も複雑化し、それを解決し豊かな地域社会をつくって幸せな暮らしを営んでいくにはそれなりの多様な知識や技能と資源や労力を必要とする。だから、人々が相互交流できる範囲の中で如何に幸せな暮らしができるかのバランスを互いに取っていかざるを得ないのである。つまり、人口が少なければ複雑困難な問題の解決能力が不足し、人口が多ければ相互認識ができなくなるからである。

そのような意味で、地域社会は、人々を中心とする多様な主体が幸せに暮らしていけるように、各主体が有している力を出し合い、互いに協力連携しながら幸福度を高めていく舞台となる、と考えることができるのではないか。

これまで事例的に取り上げてきた各地における人々の自治意識と自治的活動は時代の移り変わりの中で演じられてきた協働プロジェクトの実践例であったと言えるようである。いま、日本の各地では協治主義を掲げ、人々がもっている多彩な能力を互いに尊重し、豊かな地域社会づくりと幸せな人生のために互いが協働して取り組む方向にあるのも、協働プロジェクトの社会的実践原理に基づいた姿であると言えよう。

（注1）荒木昭次郎「自治行政にみる市民参加の発展形態―第2世代の参加論としての公民協働論」（社会保障研究所編『社会福祉における市民参加』（東京大学出版会、1999年）第2刷所収）209-229頁を参照

（注2）神野直彦・井手英策・連合総合生活開発研究所編『「分かち合い」社会の構想―連帯と共助のために―』（岩波書店、2017年）参照

（注3）鴻上尚史・佐藤直樹『同調圧力―日本社会はなぜ息苦しいのか』（講談社現代新書、２０２０年）を参照

（注4）この点の捉え方としては次の文献を参考にした。

①大月敏雄『町を住みこなす』（岩波新書、２０１７年）

②阿部直美　芥川仁『里の時間』（岩波新書、２０１４年）

③貞包英之『地方都市を考える―「消費社会」の先端から』（花伝社、２０１５年）

④広井良典『人口減少社会という希望―コミュニティ経済の生成と地球論理』（朝日新聞出版、２０１３年）

⑤広井良典『定常型社会―新しい「豊かさ」の構想』（岩波新書、２０１７年）

⑥山下祐介『「都市の正義」が地方を壊す』（ＰＨＰ新書、２０１８年）

（注5）松下幸之助『道をひらく』（ＰＨＰ研究所、２０２０年第1版２６４刷）

（注6）本田宗一郎『夢を力に』（日経ビジネス人文書、２０１９年第31刷）

（注7）山下祐介『「都市の正義」が地方を壊す　地方創生の隘路を抜けて』（ＰＨＰ新書、２０１８年）参照

（注8）宇都宮深志　荒木昭次郎編『開かれた市民社会をめざして～ニューローカリズムの提唱』（監修＝社団法人日本青年会議所）（創世記、昭和52年）参照

（注9）奥田道大『都市コミュニティの理論』（東京大学出版会、１９８３年）参照

（注10）荒木昭次郎『連帯と共助が生み出す協治の世界』（敬文堂、２０１９年）参照

（注11）指出一正『ぼくらは地方で幸せを見つける』（ソトコト流再生論）（ポプラ新書、２０１６年）参照

◆◆第7章◆◆

地域自治の伝統を現代民主政治に生かす

日本における伝統的な地域社会の自治運営は、中山間地の農村集落にその原型を見ることができた。そこでは生業としての農業を営むために、人々は先ず、自然と共生していくことを考え、次いで、自然の恩恵を受けるために、また、自然災害から身を守るために人々は互いに協力連携していくという、いわば地域生活における協治システムを形成してきたのであった。ただ問題は、その協治機能を取り巻く環境が時代の推移や社会の進展に伴って変わっていくために、そこではその変化に合わせて協治社会の有り様や協治の政治的有効性がどのように変化していくかについても考察していかなければならないという点であった。

そのための考察の一つとしては、多様な主体から構成される社会を、その構成員たちが自主自律的な相互依存・相互補完の関係作用で治めていくという、人々の社会的実践の原理に基づく協治概念とその協治作用がどのように変わっていくのかという点、二つは、時代時代において協治の有り様に影響するファクターとしては何が考えられ、それがどのように影響していくかという点、そして、三つ目は、協治に内在するファクターがどのように働いていけば現代民主政治の充実・強化にも役立っていくかという点であった。

本書ではそれらについて考察を深めていく必要があると考えた。そこで先ず、自治と協治とデモクラシーの概念を構成する共通要素はなにか、それらの要素の働きはどのようなものであるかを析出し、豊かな地域社会づくりにとってそれがどのように役立っていくのかを、自治の現場における人々の実践活動を通して観察していく。そして、その結果を踏まえて、自治と協治とデモクラシーを貫く要素の働きがどのように充実していけば、それが地域社会づくりにとって有効性が高くなるかについても明らかにしていきたい。

そこでここでは、時代や社会の環境変化に流されることなく、先ずは「自治の原点」に立ち返り、地域社会における人々の生き様と価値観に見合う「自治のあり方」を押えておく。そして、そのような自治が有効に機能していけば、現代民主政治の機能と構造にもそれが必然的に投影されていくのではないかと考え、そのことを自治の周縁論としてデモクラシー論にも繋げていきたい。ここでは2014年度の日本地方自治学会における筆者の記念講演『協働と地方自治―自治の担い手の視点から―』（日本地方自治学会編『自治体行財政への参加と統制』〈地方自治叢書28〉（敬文堂、2017年）を参照しながら論じていく。

1. 自治の原点に立ち返る(1)

本書では、自治の原点を中山間地の農村集落における人々の暮らし方に求めてきた。そこでは、農を生業とする人々が当該地域の自然環境に合わせて農業を営んでいくため、それに必要な基本的要件を確保し、それを皆で維持管理したり改善したりしながら、地域生活を豊かにしていく努力をしてきているからである。ここではその点に着目し、その実態を農村の集落自治の観点から一瞥してみる。

農村における集落自治の様式と内容は、昔からそれほど変わってはいない。たとえば、熊本県山都町島木地区における農村集落自治の実態を観察してみると、それはつぎのような様式によって自治が運営されている。

島木地区というのは、三つの行政区（長）からなる旧小学校区を単位にした地区であり、その地

農村自治の実際

- 生活道路の新築改良や維持
- 農業用水路（井手）維持管理
- 屋根の葺き替え共同作業
- 田植え・稲刈り共同作業
- 湧き水井川の清掃と管理
- 冠婚葬祭
- 寺社祭事　など

寄り合い方式（1回/月）

➢ルールづくり
➢コスト負担の決定

区には概略10集落があり、一つの集落は約10戸程度から形成されている。この単一の集落が農村自治の原単位となっているものであり、当然のことながら、それは自治運営の母体になっている。もちろんそこでは、集落自治運営のルールづくりをはじめ、その運営に必要な費用の調達方法や自治運営のための会費の決定、集落の自治運営計画や事業計画の策定、集落として取り組む課題の掘り起こしやそれに取り組む優先順位の決定、等々に関する協議をしながら、集落自治を実践しているのである。

その内容を見ていくと、一つ一つの集落は農村自治の原単位であるとともに、それがいくつか集まって地区自治システムとなっているがゆえに、集落住民は地区や地域の自治運営にも直接的に参加できるのである。このことは集落住民がその地で暮らしていくために、互いが知恵・技能・能力と労力・時間・資源等を出し合うということを意味し、その仕組みが一つの自治システムとなり、それに基づいて集落自治を運営するということになる。だから、集落住民は、いつでも、だれでも、なにについても考え、意見を述べる機会を有しているということでもある。

その意味では、集落という生活空間で暮らしている人々にとっては、集落は直接的参加の可能な自治システムであり、「開かれた社会」ということができる。だが、それでも自治運営への参加が個人ではなく、世帯主に限られている場合は「閉ざされた社会」になってしまうし、他の地区の人たちにとっても同様に「閉ざされた社会」と見做されてしまう。だから、集落住民はその地における自治参加の機会を利用して、お互いが有する能力、技能、資源、時間、労力、アイディアなどを出していく。たとえば、生活の場における問題の掘り起こしをはじめ、他の地区と関連する問題領域やそれらの解決策についての検討を行うとともに、さらには、豊かな集落づくりや地区づくりのために皆が共有できるような目標を設定し、「シェアリングの哲学」に基づく「開かれた社会」を目指しているのである(2)（宇都宮深志・荒木昭次郎編著『開かれた市民社会をめざして』（創世記、１９７７年）参照）。

このような集落住民による自治の実践を可能ならしめているのは、人々にとって集落や地区が身近な生活空間の「場」になっているからであり、換言すれば、それは地区のまとまりと親睦さを象徴するために「家族の集まりが『地域』という考え方」が根っ子にあるからであろう。それゆえ、その空間における生活者としての人々は、その生活の場への親近性と強い帰属意識を有しているのだ。否、それればかりではない。生活者にとっては集落や地区は生来的に、その自然環境、社会経済環境、文化・歴史・教育環境などにわたってよく理解しており、馴染み易さのある空間でもあるからである。そのために、その地域の資源を活かしながら創造してきた歴史や文化や技能の集積と、その地における食材開発の「場」ともなっているのだ。だから、人々はその地区の有り様について智慧や意見も出しやすく参加もしやすい。さらにその空間は、近隣の人たちとの相互協力や連携がしやすい日常生活上の「親睦空間の場」ともなっているのである。

こうした自治の原基形態は中山間地集落における生業としての営農を通しても見ることができ、その点、第1章での「棚田文化」や「里山民主主義」において触れておいた通りである。

このように見ていくと、中山間地の集落や地区の自治は人と人の相互関係作用に基づく社会的実践の原理を基礎にしていることが分かるであろう。その自治運営の実態を今少しく具体的にみていくと、それは以下のようである。

山都町島木地区の自治運営は集落単位の、月に一回の寄り合い方式からスタートする。90年代以前は、その寄り合いへの出席者は世帯代表としての世帯主である男性が主に出席していた。その寄り合いの取り纏め役は集落各戸の輪番制をとっていて、寄り合いの運営方法や運営費用は大部分、前年度の事項を踏襲していくことを習わしとしてきており、重要案件がある場合には協議をし、ルールや会費負担の改正を行い、その時々の事情に応じて対応している。

そこで、通常年度の年次事業計画の項目を眺めてみよう。そうすると、中山間地における農村自治を営んでいくためには何が最も重要で、かつ、背に腹は代えられぬ基本的なものであるかがその中から見えてくる。

(1) 集落生活道路や農道の維持管理、改良、新設
(2) 農業用水路（井手）の維持補修と管理
(3) 屋根の葺き替え共同作業
(4) 田植え・稲刈りの共同作業
(5) 湧き水井川の清掃と管理
(6) 冠婚葬祭
(7) 寺社催事
(8) 地域防災の訓練と協力事業
(9) 地域資源の掘り起こしとその活用
(10) 地域の伝統的な文化の継承など

これら事業項目は昔からの仕来りとして、前年度踏襲のまま掲げられており、必要が生じれば、その都度、対応する項目が示されていく。たとえば、（3）、（4）といった項目は60年代までは年中行事的な事業であったが、その後、集落各戸の藁葺き屋根や茅葺き屋根が瓦屋根に取り替えられてきたことに伴い、屋根の葺き替え共同作業は今日ではなくなっている。また、田植え・稲刈りも農機具の普及や減反政策の影響を受けて、農作業は多くの人手を必要としなくなり、この共同作業も漸次姿を消してきた。

（1）、（2）については農村集落の基盤となるものであり、最近は耕耘機や農業用重機などの使用が普及してきたため、生活道路や農道の整備と農業用水路の維持補修にそれらが必要不可欠となり、集落単位でそれらを購入し、農機具倉庫をつくって保管し、集落社会の便宜に供するようになっている。

また、（6）、（7）は盆・正月の時期には、集落墓地の一斉清掃を行い、自宅で葬儀を行う場合は一連の業務（参列者に対する通夜料理提供や墓地への誘導）を集落住民の当番制で対応しているし、寺社催事は毎月末の晦の日に老若男女がお堂やお宮に集まってお参りしたり団欒をしたりする行事が現在でも連綿と続いている。

ただし、（8）については地震や火事や大雨洪水に備えて集落住民が協力連携するシステムをつくって対応していくという、一昔前よりもきめ細かく対応するようになっている。つまり、少子高齢化社会になってきて独居者も目につくようになってきたため、集落を「組」や「班」に分けて、互いに連絡を取り合い、避難拠点への移動を組長や班長の指示と誘導でできる方式を取るようにもなってきているのである。

また、(9)については、昔は大切に利活用されていた地元の地域資源を掘り起こし、それらの利活用の仕方を地区の古老に教えてもらい、地域の文化や技能の伝統を継承していくとともに、さらには、地域資源の新たな利活用の仕方を開発したりして地域活性化に結びつけ、地域資源の有効活用を図ってきているのである。

これらは中山間の農村集落に見られる典型的な住民自治の姿であるし、また、その土地で農業を営み生活していく上での基本的な「隣保共助の精神」に基づく地域自治運営の姿であるといってもよい。

2. 時代の推移と自治機能の質的変化

中山間地における集落自治の原基形態としての実際を観察してみたが、時代の移り変わりに沿ってその内容も質的に少しずつ変化しているようである。それは上に見たように、農作業も人力や牛馬から機械化へ、生活道路や農道も車が走れる道路へ、集落共同作業の減退化や寄り合い参加者の多様化へ、寄り合い協議内容の複雑化へ、集落単位から旧小学校区単位における自治活動区域の広域化へ、そして、少子高齢化や核家族化の進行に対応する自主防災の組織化へといったような対応の変化である。

そこで、この変化内容が中山間地の集落や地区の自治運営にどのような形で影響してきているかを見てみよう。それには先ず、寄り合いへの参加者の移り変わりがみられ、次いで、寄り合いにおける協議内容の変化、集落間の連携協力の仕組みや集落間にわたる問題領域の検討、加えて、旧小学校区とそれを対象とした自治振興区の設定、多様な地域活動の集団や団体の台頭、そして最後には新たに叢生してきた集団や団体と伝統的な地域住民自治組織である自治会や町内会との連携による目標共有化、および、その達成のための協働と協治化の方向である。その点を今少し見てみよう。

中山間地における集落自治の変化現象は、日本社会の縮図的様相と軌を一にした、人口減少と少子高齢化に見られる。それは、急激な人口移動をもたらした高度経済成長政策と科学技術の進歩によってもたらされ、産業の高次化に伴う農村部から都市部への人口移動という都市化現象に伴うものであった。しかも人々の生活様式も都市化の影響を受けて、他者との相互依存関係なくしては生きていけないというような都市的生活様式へと変化していく。それにも拘わらず、都市化社会は人々の相互依存関係や相互補完関係を希薄化させ、地域社会における住民自治の弱体化をもたらしてきたのであった。

その要因は一般的にいえば、同じ生活空間に居ながら、未だその居住歴が短く、そのためにお互いが見知らぬ存在であること、そして、生活の場に対する愛着も未だ芽生えていなく、したがって、地域への帰属意識も育っていなかったことによる。ただ、このことは人口流入地である都市部郊外の新開地としては首肯できるところであるが、中山間地の農村集落の場合は少しく趣を異にする。中山間地でも基本的には人口減少化と少子高齢化が進んでいるものの、新たな社会変化としての都市的生活様式の文化や情報も農村集落に直ちに波及する時代となってきており、それが世帯主中心の地域運営方式にも影響し、老若男女の意向が反映される地域運営へと変容してきているのである。(3)

その具体は①地域自治運営への参加者の多様化、②協議内容の現代化、③多元的自治主体間の協働・協治化とそれによる地域活性化、などである。①については前章でも触れておいたが、これまで農家の主人として地域運営を担っていた世帯主が都市部へ出稼ぎに行き、残された主人の両親と奥さんの「三ちゃん」による農業の担い手が地域運営にも携わっていかざるを得ない状況になっていったことによる。その結果、従来の男性世帯主中心による「寄り合い参加者」から「老若男女が参加せざるを得ない寄り合い」へと変わっていったのである。つまり、地域運営の要である「寄り合い」への参加者が男性世帯主中心から性別、世代別の多様な参加者へと変わっていく途が切り開かれたのだ。そうなると、当然のことながら「寄り合い」の雰囲気も内容も変わっていくし、話し合い終了後も「いっぱい飲み会」から「ポットラック・パーティ（お茶会的な座談会）」へ、と変わっていく。

そうした参加者の多様化はまた、②地域運営の協議内容にも影響を与えていく。つまり、協議内容の現代化である。これまで地域運営の伝統的な手法であった前年度協議内容踏襲主義から徐々に脱皮しつつ、今日の生活様式の変化に見合う課題の提起とそれへの対応といった具合である。例えば、寄り合いへの女性の参加者が増えるようになって、決まり切った地域運営課題から、子育ての問題、出稼ぎの問題、料理の問題、地域における食材掘り起こしの問題、高齢者介護の問題、余所の地区との連携の問題、人力から機械化への問題、集落農業の今後のあり方の問題など、女性の目線ならではの、生活の場における問題や地域活性化の問題へと、新たな、そして、多角的な協議内容に変わっていった点にみられる。しかもこれらの問題は、全国各地においても同様に見られる取り組み課題でもあった。それゆえ、それらの内容は中山間地域でも情報化の進展によって詳細に、かつ、素早く知れるようになり、しかもその内容が理解されて、自・他地域との比較もなされるようになってきたのである。

次の③の多元的な自治主体間の協働による地域活性化の問題は、個々の集落レベルで実現可能なことの限界を、人々は自らの実践を通じて理解しており、その限界をどのようにして乗り越えていくかを考えはじめたことによる。先にも触れておいたように、情報化社会の進展は地域活性化のために全国各地ではどのような手法が開発され、それを駆使してどのように活性化が図られているかについても人々はそれらの情報を素早く入手し、また、自己の展開状況を各地に提供するようにもなってきた。

例えば、脱炭素化により自然エネルギー（風力・水力・太陽光・波力など）の活用で生活する社会の推進活動をはじめ、ボランティア活動、自然環境保護活動、福祉助け合い活動、スポーツ・レクリエーション活動、地域文化創成活動、地域活性化のための人的資源や歴史・文化の掘り起こし活動など、じつに様々な活動を展開する集団や団体が各地に叢生してきているのだ。それらに関する情報についても人々は素早くアクセスできるようになってきており、互いにその情報を交換しながら地域活性化と健康的で心豊かに楽しく暮らせるような社会づくりをめざすようにもなってきているのである。

島木地区における一つの集落では、所謂、集落共有財産の丘陵野原に太陽光パネルを設置し、電力会社と契約して集落収入を得るとともに自然エネルギーを利用した楽しい暮らしを確保するようにもなってきている。

そうした変化の流れの根底には、どこにおいても、だれにでもシェアできる価値観、つまり、健康的で、心豊かに暮らせるような地域社会を、自分たちの自治力と協治力で実現していこうとする新たな価値観の芽生えがある。それが時代の流れの中で都市・農村を問わず、各地の地域住民の想いとなって沸きだしているからである。今日のそれは、現代人に共通している点でもあり、人々が心豊かに健康で幸せに、そして、のびのびと生活していきたいという願望であり、それは経済効率主義から脱皮した「シェアリング（分かち合い）の哲学」に基づく成熟社会の実現を期待しているからかもしれない。(4)

そこでは、老若男女の意向を酌取るシステムとそれを活かしていくシステムの開発が不可欠となってきた。そのために人々は、それぞれが有する能力、資源、技能、労力、時間などの違いを互いに尊重し、そして、それらの力を結集しながら豊かな地域社会をつくっていくという、自主・自律的な努力と工夫を重ねてきているのである。そして今や、人々のそうした努力や工夫を後押ししてくれるようなＩＴ技術革命が進んできたことにより、これまでの職住分離の社会形成ではなく、職住融合と新たな価値観による成熟社会づくりに向かうことを可能ならしめてきているのである。

かつて19世紀末から20世紀初頭にかけて英国では田園都市構想としてのニュータウンづくりが進められたが、それは都市と農村の融合を図り、職住融合の社会を目指すものであった。その規模はそれほど大きくはなかったが、人々が生活していく上で必要な住・農・工・商とそれらを総合的に結びつける交通網やオープンスペースを備えた「まちづくり」であったのだ。

日本では20世紀半ば以降からニュータウンづくりを進めてきたが、それは都市部へ移動してきた人々に住宅を提供するため、住宅団地を都市郊外に建設していくことを目的としていた。それは職住融合を念頭においたものではなく、職住分離の「まちづくり」であったのだ。その結果、人々は遠距離通勤のため、居住地の地域社会に関わる余裕をもてず、もっぱら職場の仕事に専念する状態に追い込まれてきたのであった。

この職住融合と職住分離による「まちづくり」の違いが地域自治に与えた影響はなんであったであろうか。おそらくその違いが都市社会から成熟社会へ抜け出ようとする人々の価値観の変容にも投影されたに違いない。それに勢いをつけてきたのは確かに情報通信技術の進展であったのであるが、それは前章で取り上げた徳島県の上勝町や神山町、宮崎県の新富町や西都市に見られる。

つまり、中山間地の環境のよいところに自宅を構え、ＩＴ技術を駆使して遠隔勤務を可能ならしめてきたのであった。いわば、都市の中心部にある会社へ毎日出勤することをせず、自宅か自宅近くのコワーキング・スペースやサテライト・オフィスにおいてＩＴ端末さえ用意されておれば、テレワークやリモートワークで会社業務を処理していくことが可能になってきたのである。そうした人々の選択は、これまでの「都市の正義」を振りかざしてきた経済効率主義で汗を流すのではなく、人々が健康的で心豊かにゆったりと過ごせる環境で暮らしたいという想いや期待の表出でもあったのだ。

別の見方をすれば、そのことはまた、自宅が立地する地域社会で過ごす時間を長くしてくれ、それにより人々は、生活の場である地域社会の特徴を知り、地域住民とも意見を交換できるようになって地域社会にも貢献できるようになってきたことを意味する。このことが地域社会における住民自治の充実と地域活性化にとってどれほど大きな効果をもたらすかは計り知れない。[5]

かつて農村社会から都市化社会へ、都市化社会から都市社会へと、日本の社会は変遷してきた。そうした移り変わりの中で、「自治の担い手」を取り巻く人間関係環境や生活空間の環境も大きく変わり、地域における住民自治力を弱体化させてきた。しかし今や、「都市社会から成熟社会へ」を希求する人々の想いとそれを下支えする諸条件が整いはじめたことにより、それによって新たな地域自治力が発揮されるようになってきたのである。[6]

かくして、今日、日本の地域社会においては地域住民の自治力が生活の場に足をつけたかたちで躍動しはじめたのであった。こうした住民自治力による地域社会の運営の有り様とその特徴は先に取り上げた静岡県の掛川市や三島市と多摩ニュータウンの中心である多摩市においても見ることができ、また、全国各地の中山間地の農村社会においても同様に見られるようになってきた現象でもある。

民主政治：
「市民の力」によって執り行われる政治様式
➢ 特定の範囲や特定の対象に限定されていない
➢ 広く一般に適用される普遍的な統治様式・・統治・自治の中身

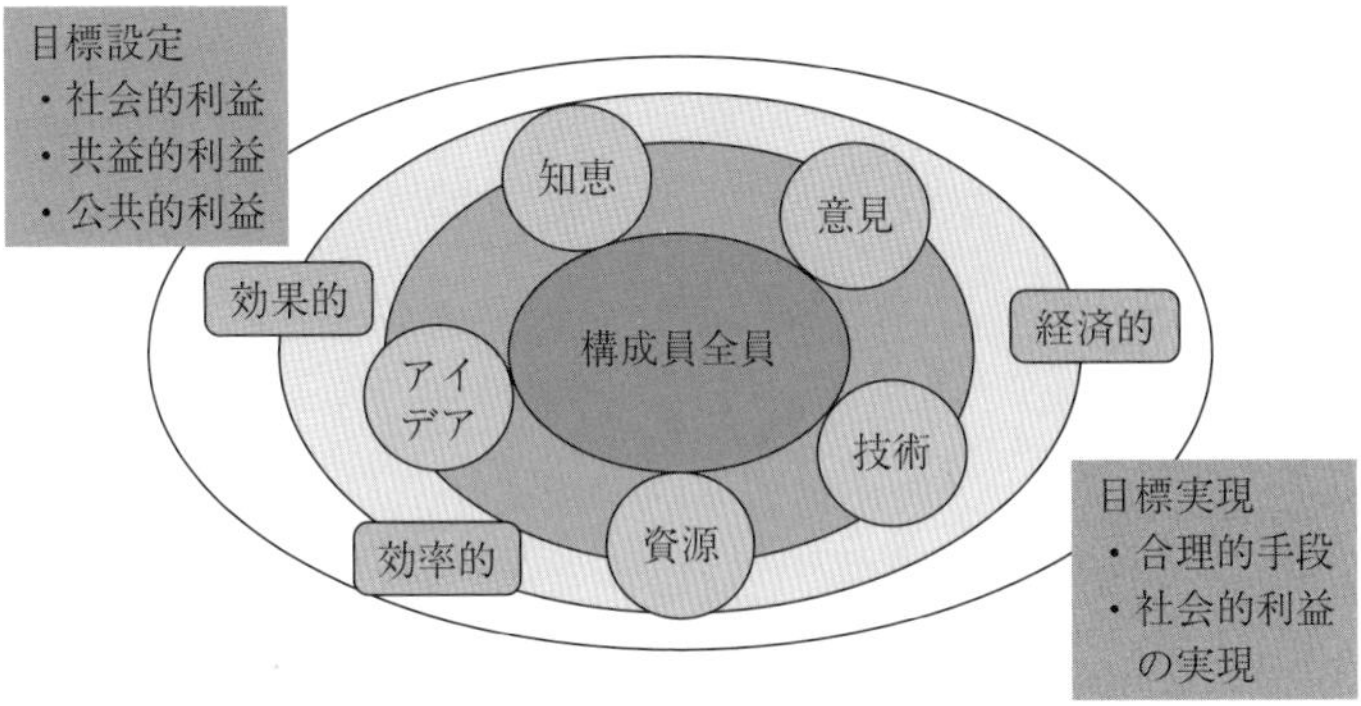

3．自治の周縁論としてのデモクラシー⑦

時代の移り変わりや社会の進歩発展に伴い、日本における地域自治の有り様や地域運営も、人々の価値観の変化や科学技術の進展とともにかなり変容してきたようである。世界各国の地方自治を研究しながら、日本の地方自治には何かが足りないと久しく思ってきたが、それがどんなことであるかが、制度論的な視点からだけではなく、自治の担い手の意識や行動面と、担い手を取り巻く社会的、技術的な環境変化の面から少しずつ見えてきた感じがする。現在渦中にあるコロナ感染症拡大防止対策の実情を眺めていても、ニューヨークやロンドン、パリー、ケルンなど、諸外国における対応と日本における自治体の対応とではやはり何かが違うという感じを抱く。その根本的差異はなんであるかを明らかにしていくことにより、日本における自治、協治、デモクラシーを貫く要素の充実強化策も見えてくるのではないかと思われるので、その点を次に考察していく。

そこで、自治と協治とデモクラシーの概念に共通している要素には、その範囲と程度においてどのような差異があるかを考えてみたい。その上で、地域社会ではその要素がどのように機能していけば、人々の期待に応えることのできる「活力ある地域社会」にもっていけるかを、筆者が現地視察してきた地域における自治活動の内容を分析しつつ、日本における地域自治の充実方策を通じてデモクラシーのあり方にも繋がっていることを示唆していきたい。

(1) 自治と協治とデモクラシーを貫く要素(8)

この自治と協治とデモクラシーの概念を構成する要素のなかで、共通する基本的なポイントは、政治的人間としての自主・自律性である。これがどのように確保されているかが自治や協治にとっては不可避の要件であり、デモクラシーにとっても然りである。これについては、第1章において概略触れておいたが、ここでは、若干、視点を変えて接近してみる。

一般に、デモクラシー概念を構成する要素としては、自由、平等、博愛の三つの要素が基本とされる。自由というのは、人々が自由に考え、それに基づき自由に行動することを前提にしている。しかし、それは個人の「したい放題」や「身勝手さ」を意味するのではない。周囲の他者との関係において認められる範囲での自由ということになる。例えば、家庭には両親や兄弟がおり、地域には様々な役割を担う多くの人々や集団の構成員がいて、国民国家レベルでは各地方の様々な社会的及び国家的役割を果たす人々の関係がある。だから自由というのは、そうした周りの人々の意思や意向と合意形成された一定の規準に見合う範囲内での自律的な行為・行動ということになろう。

つぎに、平等についてはどうか。平等も他者の存在があって意味をなすものであるが、それは他者と同じでなくてはならないということではない。人々は性格も得意・不得意も異なる。そうした人々から構成される社会を維持管理し統治していくためには、様々な人々の意思を反映して合意した「やってよいこと、やってはいけないこと」の規準が必要である。その規準が確立されておれば、それに人々は平等に従うという意味である。即ち、その規準の範囲内であれば、人はだれでも自由かつ平等に考えて行動することができるということである。

さらに、博愛とはなんであろうか。これも自分だけの自己愛とは異なり、他者の存在があってこそ本来の意味をなすものであろう。社会とは人と人との関係作用であるという原義からすれば、他者の考えや意向をお互いに尊重しあう関係を有することが博愛の基本となる。相手との専門性の違い、能力の違い、経済力の違い、身につけている技能の違い、出自や居住地の違い等々、社会はそうした違いを有する人々の生活空間であるゆえ、その空間が円滑に運営されていくにはその違いを互いが尊重し会うことが必要であり、これが博愛の意味となる。

このように、自由と平等と博愛を理解すれば、デモクラシーとは、その概念を構成する要素のうち、どれか一つの要素を重視するのではなく、それぞれの要素を調和させながら政体を統治していく政治様式であるということができよう。

つまり、互いを尊重し合うという博愛精神がなければ、自由も平等も成立しないし、自由が100%の社会では平等性もなくなり、平等が100%の社会では自由のない社会になってしまうからである。したがって、デモクラシーを、デモス（市民）のクラティア（権力）による社会の統治様式としているのは、自由と平等と博愛のバランスを市民力によって調整していくという考え方に基づく政治様式であると言えるのではないか。そうだとすれば、それには市民一人一人が自主自律性を身につけていくことがこの様式の基礎的前提となっているとみるのが至当であろう。

(2) 自治及び協治とデモクラシーの関連

それでは、自治と協治はデモクラシーとどのような関係にあるのだろうか。自治の原義は自分のことは自分で考え、それに基づいて行動するが、その結果には自分で責任を取る、いわば、自己統治であることといってよい。この原義は協治主体やデモクラシーの政体にとっても貫かれている。ただ、家庭は複数の人から構成されており、集落は生活の場を共有する複数の家庭からなっている。また、地域は複数の集落から形成され、その地域が複数集まって市町村という法人格を有する基礎自治体となり、それがまた複数集まって広域自治体としての都道府県に、さらに全都道府県をもって国家としているのである（日本の場合）。

以上は、個人を中心におき、家庭の円、その外側に集落の円、さらに外側に地区の円、地域の円、小中学区の円、市町村の円、都道府県の円、国家の円というように同心円論的に描き出したものであり、それぞれがそれぞれのレベルで自主自律性をもち、自由、平等、博愛の精神で自己統治を行っているという考え方である。その意味では、一つ一つの円はデモクラシーの考えで貫かれており、デモクラシーの統治様式には普遍性があるといえる。

なお、この同心円論的アプローチでの市町村、都道府県、国家には、それぞれのレベルの統治を総合的に行うことのできる法人格が付与されている。それに対し、様々な個別目的のために法人格を取得している集団や団体もある。だが、それらの自己統治はその範囲や性質において異なっている。つまり、前者の場合は目的や性質において総合性と公共性を基本にしており、それを達成していくことを目的としているのに対し、後者の場合は大学の自治、町内会の自治、婦人会の自治、ＮＰＯの自治、組合の自治などと呼ばれるように、それらは特定の目的、特定の地域空間、特定の利益などの特殊な性質をもって活動する集団や団体である。それらの活動が社会のために役立つことを目的に掲げている場合はその限りにおいて公益性があるとみなされる。また、法人と未法人とが一定のルールに基づき協力連携して社会的活動を展開する場合も公益性があると見做され、さらに、行政がそれらの集団や団体の活動を補完したり、集団や団体が行政を補完したりする場合も同様で、公益的性質をもった自己統治の活動とみることができる。その意味では自治及び協治の活動とデモクラシー統治とは切っても切れない関係にあるが同じとは言えない。つまり、デモクラシーは普遍的、総合的、理念的であるのに対し、自治や協治は個別具体的な自己統治様式であるからである。したがって、人々はこの個別具体的な自己統治様式を、より身近な家庭や集落や地区の生活の中で習得していくし、同心円論的論理においても中心に近いところで身につけてきた自主自律性の発揮を促進し、自由、平等、博愛の実際的経験を通して得た規準の有効性に関する理解を深めていくことになる。このことがデモクラシーの充実にも繋がっていくのである。

つぎに、自治と協治の関連性について考えてみよう。単純に自治という場合は、個人でも集団でも、あるいは、特定の集落や地区や地域の場合でも、自治的に活動する目的や範囲や性質において同じではなく異なっている。ただ、個人が私的利益を追求する活動の場合や集団や団体が利益追求活動をする場合を除き、社会性を伴った公益性や公共性のある活動を展開している場合は、その活動の有する公共公益性の程度や範囲は異なるけれども公益性があると認められる。

そのことを反映して最近では、集団や団体に法人格を付与する際、公益財団法人とか一般財団法人とかに仕分けしている。それは集団や団体の活動目的に掲げられている内容やそれらの運営費用の調達方法において、社会性、公共性、公益性がどの程度あるのかによって法人の認可をしているが、その場合の区別が全面的な公共公益的な活動か部分的な公共公益活動かによって仕分けしているようである。しかもそれらの中には特定の地域と人々を対象にして活動しているものもあれば、そうした制限枠を設けないで活動するものもあり、それらについては活動目的を分析していくことによって、いかなる能力や資源を発揮して社会に貢献していくかを見分けなければならないのである。

そのようなことから、最近における地域社会に貢献する活動を行っている集団や団体をみていくと、複数の様々な能力等を有する集団や団体が互いに協力連携をして地域社会に貢献していくケースが一般化しつつある。そして、社会貢献という大きな目的達成のために、それ本来の能力、資源、労力などを出し合い、そして、各々の有する得意の力を結集して社会貢献をしているのである。

この社会貢献の有り様は各主体が各の違いを認め、尊重し、目標達成のために力を合わせて活動する一定のルールを用意し、それに基づいて活動していくというように、各主体の自主自律性を基礎に、連携主体としての自由、平等、博愛の精神に裏付けられたデモクラシーの姿ともなる。それは自主自律性をもった一つの主体が複数集まって協力連携し、それぞれが得意とする能力を発揮しながら社会貢献していくという「協治」の概念そのものといってもよいものである。つまり、そこでは、自主自律性を有する一つの主体がそれ本来の主体性と自主性と自発性を発揮しつつ、他の主体と連携した〈新たな集団や団体〉となり、それがまた、最大限の協治能力を発揮して社会貢献活動を行っていくという自治様式になっていくのである。その意味からすると、協治は自治する範囲や内容の多様性の限界を補完し、より広く、そして多様な領域にわたって社会に貢献し、社会を発展させていく源泉にもなっていると考えられるのである。

(3) 地域自治の伝統を現代民主政治に生かす

われわれ一人一人は、地域社会を構成している自主自律性をもった一員である。だから、より良い地域社会を目指すために自己主体の能力では何が可能か、また、自己主体の能力だけでは不十分な場合、他主体と力を合わせていけば、どの程度いかなる範囲にわたり期待する社会づくりに近づいていけるか、ということでもある。そのことを、社会の一員ないし一主体として考え行動していくのが自治であるとともに協治でもあるのだ。その際の思考や行動の様式は、デモクラシー概念の構成要素である自由、平等、博愛を観念的に叫ぶのではなく、地域における日常生活の実践で身につけてきたものを通じて具体的にそれらを発揮していくことでもある。

したがって、それは、社会的実践原理に基づく接近方法であって、農村集落の自治にみたように、人々がそこで生きていくためには避けて通れない自治的な暮らし方でもあるのだ。つまり、地域において人々が身につけてきた社会的自治が充実していけば、それは同心円論的により広範な地域の住民自治の充実にも繋がっていくと考えられるのである。そこでは、様々な人々の多種多様な能力や資源が自治充実のために動員されていくことは言うまでもなく、互いが有する能力を尊重し、協力連携して〈より良い社会の創出〉という目標を達成していくことにもなっていく。そうした実践的な社会づくりのなかに、自由、平等、博愛といったデモクラシーの概念構成要素も横たわっており、したがって、自治や協治による「より良い社会づくり」の実践がデモクラシーの機能と構造の充実強化にも直接的に反映されていき、そのことがデモクラシーの発展にも役立っていくものと考えられるのである。

こうした接近は、社会科学の領域にとって必要不可欠の手法と考えられ、従来の観念論的規範を上位において、それを社会の現場に下ろしていく論理の組み立て方とは異なり、人々の生活現場から自治や協治を通して社会のあるべき姿を論理的に組み立てていくという、下から上に向かうアプローチがここでの方法なのである。

この方法は、人々の日常生活の観察から出発しており、より良い社会づくりの出来不出来に関しては地域住民自身が評価するとともに、責任もとっていくという、自治の自同性の論理でもある。

世界の自治社会の努力

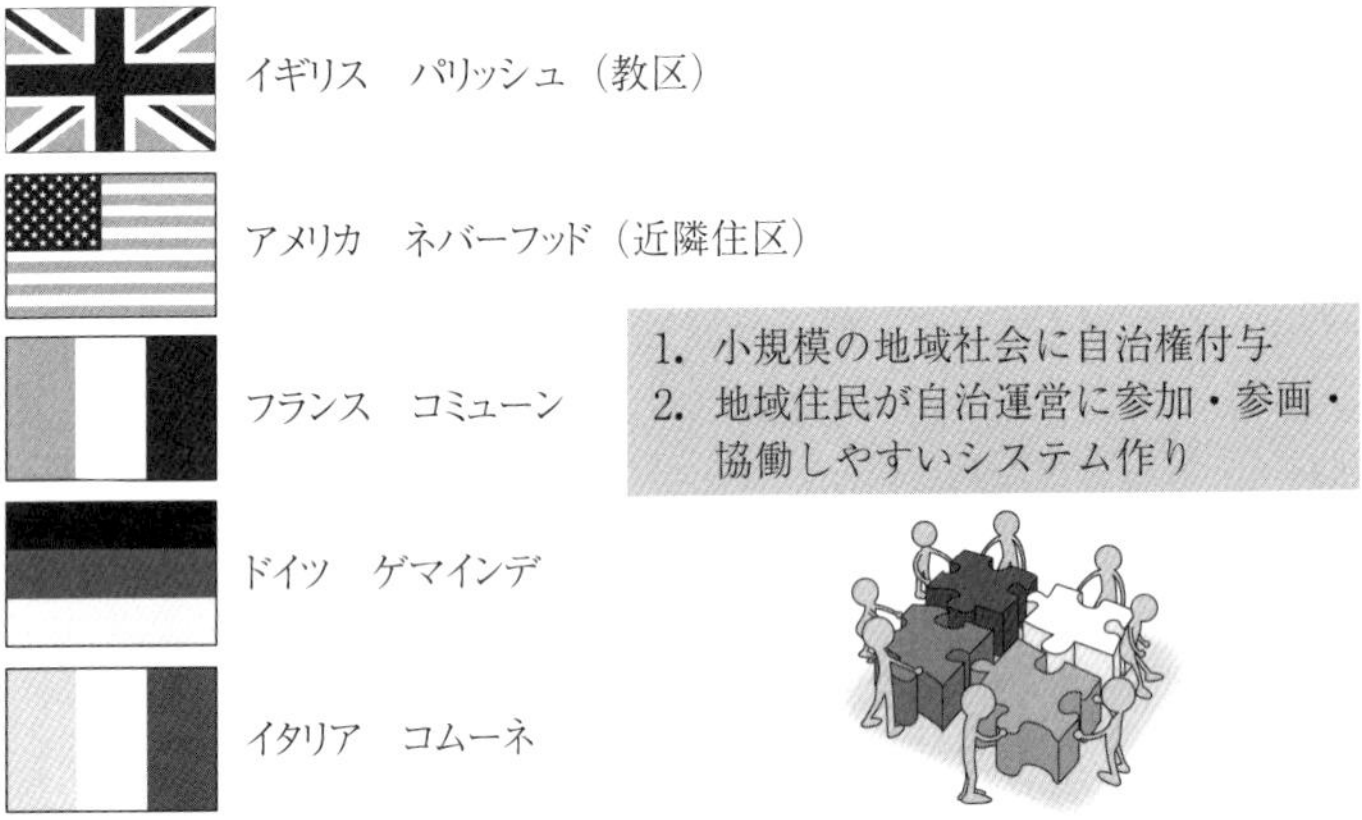
イギリス　パリッシュ（教区）
アメリカ　ネバーフッド（近隣住区）
フランス　コミューン
ドイツ　ゲマインデ
イタリア　コムーネ
1. 小規模の地域社会に自治権付与
2. 地域住民が自治運営に参加・参画・協働しやすいシステム作り

地域住民が身近に感じ、理解し、さらに実戦に参加してよりよい方向へ向かうという論理化の流れは、市民（デモス）による統治（クラティア）という民主政治の基本とその充実強化の実践を意味しているのではないか。[9] (Howard R. Penniman, "The American Political Process", Princeton : Van Nostrand : 1962)

社会の進歩発展に振り回されていくと、人々は社会において自主自律性を発揮する余裕を無くしてしまう。それは先に述べておいたように、農村社会から都市化社会へ、都市化社会から都市社会へ、と移り変わっていく中で、人々は自由、平等、博愛の持つ価値を、生活の現場で見失い、自己中心的で社会性の乏しい暮らし方をしてきたことにみることができた。

　それが最近になって漸く、人々は自分の力で、自分の想いを達成していきたいという考えや価値観を持つようになってきた。そして、その実現に必要な力としての社会経済的条件や技術的条件が整ってきたことにより、人々は地域における生活の現場からその想いを実現していきたいとして、それを地に足をつけた形で地域社会づくりに向けていくようになってきたのである。その姿はこれまで取り上げてきた全国各地の取り組みに見ることができるのではないだろうか。その歩みの中に自治と協治の充実がデモクラシーの充実にも貢献しているように思えてならない。

このような自治と協治とデモクラシーを貫く流れは、筆者が現地視察で学んできた各地においてもみられた。ロサンゼルス・カウンティのランカスター・コミュニティにおける一般市民からなる「楽観主義者の会」（オプティミスト・クラブ）の地域自治活動、セントラル・ヴァジニアのシャーロッツヴィル市における「近隣住区連合会」（フェデレーション、ネーバフッド・アソシエーション）によるまちづくり活動、ニューヨーク市のリンゼイ市長時代から続くメイヤーズ・アクション・センターのコミュニティ再生政策の展開、ドイツのケルン市中心部における交通網整備（ケルンメッセ、ケルン大聖堂から中心街への道路整備）への市民参加、イタリアのボローニアにおける市役所前広場からボローニア大学へ通じる石畳歩道とその歩道を挟む形の石塀の改修に対する市民公開討論、ロンドンではコベントガーデン・コミュニティの中心にある青空市場に面した歴史的建造物の保存に関する市民の意見公募、などを視察する機会を得たが、そこで感じたことは、市民の皆さんが日本よりも積極的に地域問題に関して意見を述べるということであった。最近のコロナ対策でも厳しい対応を取らないで〝静かに温和しく〟が日本モデルといわれるが、それでは自治も充実していかないのではないだろうか。

（注1）この点については熊本県山都町島木地区の「寄り合い」を参考にした。
（注2）宇都宮深志　荒木昭次郎編『開かれた市民社会をめざして―ニューローカリズムの提唱』（創世記、1977年）参照
（注3）山浦晴男『地域再生入門―寄りあいワークショップの力』（ちくま新書、2015年）参照
（注4）藻谷浩介　NHK広島取材班『里山資本主義―日本の経済は「安心の原理」で動く』（KADOKAWA、2013年）6版を参照
（注5）出町　譲『日本への遺言―地域再生の神様豊重哲郎が起こした奇跡』（幻冬舎、2017年）参照
（注6）麓　幸子『地方を変える女性たち―カギは「ビジョン」と「仕組みづくり」』（日経BP、2018年）参照
（注7）志子田徹『ルポ　地域再生―なぜヨーロッパのまちは元気なのか？』（イースト新書、2018年）参照
（注8）荒木昭次郎「協働と地方自治―自治の担い手の視点から―」（日本地方自治学会編『自治体行財政への参加と統制』（敬文堂、2017年）3-36頁）
（注9）Howard R. Penniman, “The American Political Process”, Princeton : Van Nostrand : 1962（cf）

エピローグ～恩師・研究仲間への感謝と私の社会科学～

本書を構想しはじめたのは、令和元年も師走に入り、なんとなく世の中が忙しくなってきた時季であった。

かつて、ヴァジニア大学に留学したおり、ゲリー・アリンソン（Gary Allinson）先生に大変お世話になった（1983年9月に事前打ち合わせをし、翌84年3月から85年4月までヴァジニア大学にて研究生活）。アリンソン先生は、筆者の研究が希望通り実現できるように、自治行政に関する現場研究のためにシャーロッツヴィル市長フランク・バック氏をホストファミリーに推薦していただいた。また、当時、アメリカ公共政策学会会長であったマッシュー・ホーデン教授の隣室に私の研究室を用意してくださり、さらに、シャーロッツヴィル市におけるネーバフッドの実態調査を実施するに当たっても、ネーバフッド連合会長であったペギー・キング氏を紹介していただいた。筆者をヴァジニア大学におけるレジデンシャル・スカラーとして受け入れ、しかも研究サポーターとしての役割を担って下さったのも先生であった。先生は1982年までピッツバーグ大学の歴史学教授であって、翌83年春学期からヴァジニア大学歴史学のチェアード・プロフェッサーとして赴任されたばかりであった。

その教授もワシントンD・C・の書店で体調異変に見舞われ、2006年9月に旅立たれた。しかしそれ以降も、大学病院に勤務されていた夫人のパット（Patricia）さんとの学術情報の交換やクリスマスカードの遣り取りが続いている。２０１９年の師走にいただいたクリスマスカードを眺めていたとき、当時の留学生活を追想しながら、筆者自身も自治行政研究に取り組んできた流れを振り返っていた。このことが本書執筆のキッカケとなり、自治行政研究で得られたものは何であったかを整理してみようと思い立ったのである。

目の前にあったメモ用紙に、思い浮かんだ研究項目を書き並べながら、自治行政の研究に取り組んできた流れとその時どきにおいてご指導を受けた先生方や研究仲間からの指摘内容を行間に書き綴ってみた。ほんの一時間も経ったころ、目次のような構成になっていた。それを眺めていると、筆者自身の自治行政研究史のようになっていたのである。

その内容は、筆者が生まれ育った中山間地の農村集落で身につけてきた自治様式から出発していたことに気がつく。高邁な理論の展開からはほど遠く、地べたに這いつくばったかのような内容の叙述になっていて、気恥ずかしい限りであるが、社会変化に伴う地域自治の有り様とその移り変わりを「自治の担い手の立場」に立ち、筆者なりの捉え方で述べていくことにしたのが本書である。

ところで、近年における日本の政治状況は課題が山積している。それにも拘わらず、市民の思いが届かない、市民生活とは乖離した展開になっているように思えてならない。何故そうなっているのだろうと思いをめぐらしてみた。

それによると、市民の意識や価値観が多様化しているにも拘わらず、現実の政治はそうした多様な市民の意向を汲み上げ切れていないからではないか、その原因は一体どこにあるのだろうか、小選挙区比例代表制の導入によるのかという点が気に掛った。然らば、その点を明らかにし、どうすればそのような政治状況から脱出できるかを構想してみることにも一定の意味があるのではないかと考え、その起点を自治に求めて執筆していくことにしたのである。

本書は7章から構成されている。1章は筆者が生まれ育った山間地における自治の有り様を追求し、2章はアメリカ合衆国における地方自治体の誕生の実際を現地に赴いて調査した内容に基づいている。3章は日本における婦人参政権獲得運動過程を、当時、参議院議員であった市川房枝先生が館長をされていた婦選会館に赴き、市川先生からの直接の指導を受けながら、先生の持論であった「分かち合いの政治哲学」と内田満早稲田大学教授の「デモクラシー論」との関係を筆者なりに結びつけて論じたものである。4章と5章は日本における地方自治の実際が自治性、主体性、自発性の発揮において積極性に欠けているのは何故か、に焦点を当て、その原因を、中央政府が取ってきた政策とそれに伴う社会の変化を分析して明らかにしようと試みたものである。6章は地域住民が真に住民自治力を発揮しながら地域社会を運営していく姿を、各地の地域住民が社会変化の中でどのように考え、活動しているか、という点から描き出してみようと論じたものである。そして、最後の7章は、6章を踏まえて、日本における現代民主政治に活力を与えていくためには、人々が身につけてきた地域自治力を活かしていくことが必要不可欠ではないかという論理で述べたものである。

本書を執筆するに至った問題意識の流れとその概要は以上の通りであるが、冒頭から全てを書き下ろしで進めてきた。そのため、順次、各章を脱稿する毎に研究者仲間の皆さんに目を通していただいた。様々なご指摘やご意見を参考にさせていただいたことは言うまでもない。この場を借りて御礼を申し上げておきたい。

とくに、接近方法の問題として、キーワードの概念を明確に規定したうえで論述していく方法を取っていくか、それとも人々が暮らす地域の生活現場を観察しながら、人々が必要とする周辺環境との関係作用とそのあり方をルール化していく過程について説明し、それがキーワードの概念を規定していく方法になっていくのではないか、という点が気になっていた。前者は一般的なアカデミックな手法としての伝統があり、後者は経験知の積み重ねで理解しにくい面がある。けれども、社会科学として社会の現場を科学していくのであれば、論理の枠組みを構築してそれを社会の現場に適用させていくか、それとも社会の現場を観察しながら論理の枠組みを構築していくか、であり、どちらが社会科学としての適宜性があるかであった。

地方自治に関する研究に取り組んできた筆者の場合、どうしても「現場における自治の有り様」

を観察・分析せずして社会科学研究とは成り得なかった。確かに、先哲が生み出してきた論理をマスターし、そのうえで、社会の変化に見合う論理を新たに組み立てていくことこそが正当な社会科学であるとするならば、筆者はまだその域に達していないと考える。その意味では、今後とも学究諸兄のご指導を仰がなければならないだろう。

本書のキーワードは「自治」「協治」「デモクラシー」である。それぞれが有する意味については随所で述べてきたが、この三つのキーワードの関係性については論理明快には説明していない。そこで、ここでは、先哲が生み出してきた「デモクラシー」に関する概念規定要素である「自由」、「平等」、「博愛」が、三つのキーワードを関連づける意味を包含していると捉えて論じていくことにした。つまり、市民が主権者となって統治していくということ（デモクラシー）は、人々の地域社会の生活の場における「自治」や「協治」にも必須の要件である。その意味においてこの三つのキーワードを貫いている概念規定要素も「自由」「平等」「博愛」になるということである。それらの要素には、自己抑制力が働く、他者の意見を参考にして自己の意見を主張する、目標を達成していく優先順位を決めて取り組んでいく、皆の力が最大限に発揮できる協力連携の仕組みを作って取り組んでいく、といったことが内包されている。これらの包摂内容はどの主体にも必要不可欠であるが、それらの発揮の仕方には各主体の個性や特性が異なるため、そこでは、各主体が有する個性や特性の違いを互いに尊重し合うことが前提となる。そのようにして各主体が互いの違いを尊重し合う関係を創出していくことが、人々の健康的で幸せな、そして、楽しい豊かな暮らしができるような社会にしていくと考えたのである。

ところで、三つのキーワードの違いとして指摘できる点は、次のようなことではないだろうか。

「自治」とは個別具体的な主体の自己統治作用である。個人、家庭、集団、団体、地区や地域、地方自治体といった特定の主体が、自ら考えて行動し、他者との関係作用においても他者との違いを尊重し、相互に補完し合って設定した初期の目標を達成していく行動で、その結果には自ら責任を負う、ということである。

「協治」とは、上に述べた自己統治主体が複数集まり、それらが協力連携して一定の範囲や内容について目標を設定し、それを達成していく統治システムのことである。そのために、ルール、コスト負担の調達、労力提供などといった、いわゆる、智力、資源力、技術力、経済力、アイディア、時間、互助互恵力などを出し合い、そこで定めた初期の目標を、皆でつくったルールに従い、具体的な内容を達成していくことであり、それを「協治」（コガバナンス）といっているのである。

「デモクラシー」とは、統治主体が自由と平等と博愛という精神でもってその主体を構成している者同士で意思決定し、それに沿って全ての人たちに有効な目標を設定し、それを実現していくという普遍的な統治行為を指している。これは観念的ではあるが、その具体は「自治」や「協治」によって何をどの程度、どの範囲にわたり実現していくかの政治過程において示されていく。

以上が三つのキーワードの違いと関連性である。このことを各章の課題設定において述べておけば、読者の理解を促進するのに役だったかもしれないが、その点、不十分であったと自覚している。

筆者の自治行政研究は、社会の現場における具体的事象を観察し、分析を加えながら論理実証していく手法である。この手法のもつ有効性を知ったのは大学院での指導教員であった荻田保先生が、学生に対して最初に述べられた次の言葉であった。「大学院での勉強は横文字の書物に熟達することだけではない。君たちは地方交付税の趣旨やその自治的効果を説明できるか、その説明ができるようになるためには現場の哲学を身につけなければならないのだ。」という一言であった。荻田先生は大学卒業後、内務省に入られ、戦後は地方財政委員会事務局長や自治庁次長を務められ、最後は公営企業金融公庫総裁として公務の世界を歩かれたのだが、学術分野でも日本行政学会理事として貢献されてきた方であった。地方交付税に関する先生の説明内容は、先に触れた市川房枝先生の「分かち合いの政治哲学」に類して「自治体間の分かち合いによって自治の充実を図っていくこと」ということであった。これは自治体の実際に触れなければ理解できないとの示唆であると受け止め、以来、先生の紹介もあって日本都市センター研究室にはいり、現場を観察し分析していく手法を身につけてきたのである。

かくして、筆者の研究は先生の一言によって切り開かれたといってよい。ここに、荻田先生に対し衷心より感謝申し上げたい。

この研究手法は筆者の研究仲間にも受け継がれていると思われ、貴重なご意見やご指摘を賜った皆さんにも感謝いたしたい。

なお、東京２０２０オリンピックは現時点では一年延長とのことである。また、コロナ禍も未だ収まってはいない。我々の生き方としては自主自律性を基本にしながら、皆で力を合わせで健康に楽しく幸せに暮らせる社会を創出していくことであろう。


本書の出版に当たっては成文堂編集部の飯村晃弘さんと松田智香子さんには大変お世話になった。些かなりとも現場の自治行政に役立つことができるとすればそれはお二人のご尽力の賜であり、ここに感謝を申し上げておきたい。

最後に、いつものことながら、図表の作成に尽力してくれた姪の渡辺久穂美と、執筆・出版に際し、快く手伝ってくれた妻の佳子にも謝意を表しておきたい。

２０２１年3月吉日
著者　荒木　昭次郎

主な参考文献一覧

①今井幸彦『日本の過疎地帯』(岩波新書、1963年)
②河合雅司『未来の地図帳』(講談社現代新書、2019年)
③藤波　匠『人口減が地方を強くする』(日経プレミアシリーズ、2016年)
④山下祐介/金井利之『地方創生の正体』(ちくま新書、2015年)
⑤山下祐介『地方消滅の罠』(ちくま新書、2014年)
⑥井手英策『財政から読みとく日本社会』(岩波ジュニア新書、2017年)
⑦井手英策『幸福の増税論』(岩波新書、2018年)
⑧小田切徳美『農山村は消滅しない』(岩波新書、2014年)
⑨矢作　弘『縮小都市の挑戦』(岩波新書、2014年)
⑩諸富　徹『人口減少時代の都市』(中公新書、2018年)
⑪山崎史郎『人口減少と社会保障』(中公新書、2017年)
⑫日本経済新聞社編『限界都市　あなたの街が蝕まれる』(2019年)
⑬平川克美『路地裏の民主主義』(角川新書、2017年)
⑭NHK取材班『地方議員は必要か』(文春新書、2020年)
⑮兼瀬哲治『農村の第四革命』(熊日新書、2019年)
⑯吉原直樹『コミュニティと都市の未来』(ちくま新書、2019年)
⑰井上岳一『日本列島回復論』(新潮選書、2019年)

⑱ 小滝敏之『縮減社会の地域自治・生活者自治』(第一法規、平成28年)
⑲ 山崎　亮『コミュニティデザインの時代』(中公新書、2016年10版)
⑳ 田村　秀『地方都市の持続可能性』(ちくま新書、2018年)

現代民主政治と自治
——地域住民自治による地域運営のデザイン——

2021年4月20日　初版第1刷発行

著　者　荒木昭次郎
発行者　阿部成一

〒162-0041　東京都新宿区早稲田鶴巻町514番地
発行所　株式会社　成文堂
電話　03(3203)9201(代)　Fax 03(3203)9206
http://www.seibundoh.co.jp

製版・印刷　三報社印刷　　製本　弘伸製本

ISBN 978-4-7923-3412-3　C3031　検印省略

定価（本体2,000円＋税）

事項索引

著者紹介

荒木 昭次郎（あらき しょうじろう）

1940年　熊本県山都町に生まれる
1960～63年　海上保安庁水路部
1968年　早稲田大学院政治学研究科自治行政専攻修士課程修了
1968～73年　（公益財団法人）日本都市センター研究員
1973～1999年　東海大学政治経済学部講師、助教授、教授
1999年　東海大学名誉教授
2000年　熊本県立大学総合管理学部教授
2010年　熊本県立大学名誉教授

主著

単　著　『参加と協働―新しい市民=行政関係の創造-』　ぎょうせい　1990年
『協働型自治行政の理念と実際』　敬文堂　2012年
『連帯と共助が生み出す協治の世界』　敬文堂　2019年
共訳書　『広域行政-権力を市民の手に』　クラブージャン-ム-ラン 編（Les Citoyens au Pouvoir12 Régions 2000 Communes）鹿島出版会　1970年
共編著　『開かれた市民社会をめざして』　創世記　1977年
『現代自治行政学の基礎理論』　成文堂　2012年
『真自治行政構想の奇跡』　敬文堂　2018年

所属学会

日本都市学会、日本行政学会、日本政治学会、日本地方自治学会

非常勤講師など

慶應義塾大学総合政策学部非常勤講師　熊本大学法学部非常勤講師など
人事院国家公務員研修所講師、東京都職員研修所講師、市町村中央研修所講師など

社会活動

都道府県、市町村などの行政診断、財政診断、組織診断をはじめ、各種審議会などの委員を務める

な

に

ね

の

は

ひ

ふ

へ

ほ

ま

み

も

や

よ

ら